Entrenar la mente para ser feliz

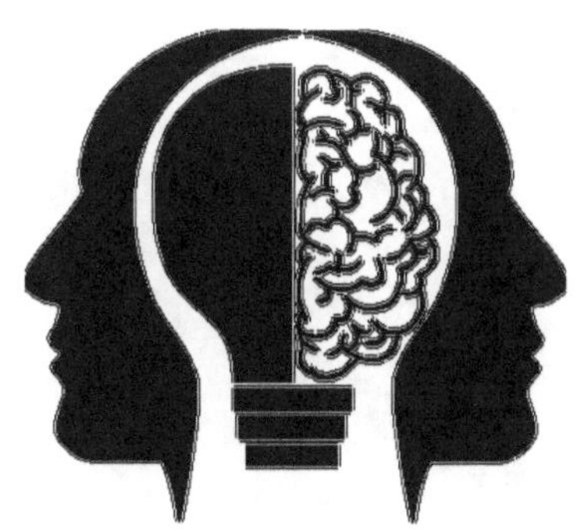

Phillip A. Johansen

Editorial Anuket

Índice

Capítulo 1
Las claves de la felicidad

La felicidad es el fundamento principal que contribuye a la calidad de vida. ¿Alguna vez has visto a alguien que vive en una casa pequeña y conduce un auto viejo? Puede que no sean ricos en cosas materiales, pero probablemente, sean muy ricos en felicidad.

Todos experimentamos cosas en nuestras vidas que habríamos deseado no haberlas pasado. Las vicisitudes pueden cambiar nuestros sentimientos y perspectivas. Sin embargo, a pesar de los grandes tropiezos y desafíos, puedes elegir vivir una vida miserable o disfrutar de una feliz. Eres el único que puede controlarlo.

Puede haber muchas variables en la vida que están fuera de tu control, pero tu felicidad nunca debe estar en manos de otra persona.

Uno de los mayores obstáculos para la verdadera felicidad es que vivimos en una sociedad que nos anima a salvarnos con posesiones materiales. Luego comparamos lo que tenemos con lo que tienen todos los que nos rodean; y si tienen más, podemos sentir que somos menos que ellos. Esto afecta el nivel de felicidad percibida. Estar demasiado ocupado también puede desplazar a un segundo plano a la felicidad. Si siempre está trabajando y haciendo mandados, no tiene tiempo para disfrutar de la vida. Reduzca la velocidad y concéntrese en lo que realmente le importa. No hay necesidad de luchar o hacer todo solo. La comunicación es esencial para que la verdadera felicidad suceda. Si no compartes con los demás lo que quieres o lo que no soportas, no lo sabrán. Nunca te disculpes por establecer algunas reglas básicas de relación para que puedas ser feliz.

Para disfrutar plenamente de la vida, debes pensar en lo que significa la felicidad para ti; teniendo presente que puede significar cosas completamente diferentes para otra persona. Una vez que lo identifiques, puedes trabajar para mejorar tu gestión del tiempo, comunicación y cambios que te permitirán hacerla realidad. Precaución: A veces los propios pensamientos o nuestra imaginación pueden ser nuestros peores enemigos cuando anhelamos utopías sin vicios de realidad.

Podrías decir que no hay mucho que puedas hacer con los que se viven lamentando de todo y que te rodean. Si bien eso es cierto, tampoco puedes permitir que su negatividad te rebaje a su nivel de ninguna manera. Debes estar feliz con lo que ves en el espejo y con quién crees que eres. Es imposible ser feliz todo el tiempo, pero la mayor parte del tiempo se puede. También puedes usar tu alegría para ayudarte a superar los momentos más difíciles de tu vida. Mientras lees este libro puedes ir pensando en algunos obstáculos que te impiden ser feliz

Una fórmula de lograr el bienestar mental es empoderarse con ideas y conceptos positivos (afirmaciones, frases motivadoras) que son fáciles de implementar en tu vida diaria. Al hacer esto, se convierten rápidamente en un hábito, una actividad diaria normal.

Cuando se trata de tu bienestar, es importante estar en el asiento del conductor. No puedes simplemente sentarte y esperar a que suceda. ¡Los días se convierten en semanas, meses y años! ¿Pretendes que sean los otros los que te hagan feliz? ¡No! sé tú el forjador de tu bienestar emocional. La calidad de tus relaciones con familiares, amigos, colegas y en general también afecta tu nivel de felicidad. Es hora de que eches un vistazo más de cerca a esas relaciones y ver cuán productivas son. Tu relación con los otros debería ayudarte a sentirte seguro y contento. Si constantemente te sientes preocupado, triste o enojado por ellos, entonces necesitas cambiarlos.

Las investigaciones muestran que las personas felices tienden a desempeñarse mejor en todas las áreas de sus vidas. Raramente se enferman. Por ejemplo, tienen menos problemas con los hijos o en su matrimonio. También tienden a avanzar en el trabajo porque sus jefes piensan que tienen suerte de tenerlos allí.

Puedes cambiar tu vida ahora mismo para mejorar tu bienestar. No importa dónde vivas, tu género, cuánto dinero ganes o qué edad tengas. Nunca es demasiado tarde para sentirse feliz y disfrutar verdaderamente de la vida. Estas claves de la felicidad te ayudarán a emprender el camino para lograr lo que quieras lograr:

- **Mente positiva**

Aunque discutiremos esto con más detalle en el Capítulo 2, vale la pena aclarar algunos conceptos desde el principio.

Los pensamientos negativos pueden generar en nuestra mente problemas que no existen a nuestro alrededor. La negatividad puede preocuparnos y robarnos la alegría. Sin embargo, el problema es que muchas personas no se dan cuenta de lo negativas que se han vuelto. Puede ser un hábito que ignoran.

Otra parte del problema es que puedes estar rodeado de personas negativas todo el tiempo, y están aquellos a los que se les denomina "Vampiros energéticos" que con su mala manera de relacionarse les sustraen la energía positiva a las personas. Ellos pueden agotar tu energía si no tienes cuidado. Necesitas hacer algunos cambios alrededor de este tipo de personas para ayudarte a seguir adelante y ser feliz. Puedes decirse a ti mismo que no puedes ayudar a todas las personas con las que te relacionas. Tal vez en tu trabajo, la señora del escritorio de al lado, solo se esté quejando como manera de aliviarse, y no necesita de tu apoyo. Si te enroscas con todos los problemas ajenos, puedes pasar de ser una persona feliz y sonriente por la mañana a estar de mal humor y deseando que sea hora de irte a casa.

No puedes cambiar a otras personas y su forma de pensar, pero puedes reducir la forma en que te afecta a ti. Cuando ocurre la negatividad, parece perturbar toda la atmósfera que te rodea. Puedes dejar que siga su rumbo, y tú permanecer feliz sin importar lo que digan los demás. Una de las formas más fáciles y efectivas de evitar que las personas sean tan negativas es preguntarles cómo pueden cambiar eso. Por ejemplo, si escuchas a alguien quejándose de otra persona, dile cortésmente que hable con esa persona. Si alguien se queja de que no entiende el trabajo escolar, dígale que hable con el maestro. Cuando alguien se queje de algo, pregúntele qué puede hacer para mejorarlo. Todas estas opciones son muy fáciles para ti. Sin embargo, no hará que negativos perezcan; pero ya no serán como los que te rodean.

- **Optimista**

Presta mucha atención a tu reacción ante los hechos que te disgustan o con los que no estás de acuerdo. Si sientes que tendrás una reacción negativa, cámbialo, o mantente inerte (si se puede). Concéntrate en el optimismo para sentirse bien. Al principio, puede que te sorprendas al darte cuenta de cuántos pensamientos negativos vienen a tu mente, y que muchos de ellos no tienen razón de ser. Una técnica que uso para meritar el discurso de otra persona que considero erróneo, es preguntarme primero "¿por qué pienso lo que pienso? Y muchas veces me doy cuenta que mi crianza me llevó a pensar así, o que no tengo argumento para afirmar mi postura o negar la del otro.

Nuestro objetivo es convertirnos en una persona positiva cada vez más. Con el tiempo, es posible que los pensamientos negativos se te ocurran con menos frecuencia. También descubrirás que has desarrollado el hábito del optimismo automático. Con el tiempo, el optimismo se convertirá en una gran parte de quién eres y cómo ves la vida.

- **Cuenta tus bendiciones**

Cuando empieces a sentirte deprimido, piensa en toda la felicidad de tu vida. Tómate el tiempo cada mañana para contar las pequeñas cosas que te traen alegría. Tal vez puedas conocer a alguien nuevo para una cita esa noche. Tal vez estés almorzando con un viejo amigo. Antes de irte a la cama por la noche, piensa en las pequeñas cosas que harán que tu próximo día sea un éxito. ¿Tienes tiempo para leer un libro que te gusta? ¿Puedes pasear al perro y jugar un rato en el parque? ¡Son las pequeñas cosas de la vida las que realmente nos hacen felices!

- **Agradecido**

Tu mente siempre juega con los extremos: lo que tienes y lo que deseas; y si no lo obtienes, siempre te sentirás decepcionado. Cuando tu mentalidad te permite ser agradecido, puedes superar los momentos difíciles. También serás feliz porque te darás cuenta de la satisfacción que traen las cosas simples de la vida.

Sonreír es una de las mejores maneras de hacerte más feliz de lo que eres ahora. Cuando sonríes, otras personas también te sonríen. Te verán como alguien a quien acercarse. Se sentirán cómodos a tu alrededor. La amabilidad no es difícil, es una elección.

Ábrele la puerta a alguien en lugar de apresurarte a salir primero del almacén. Deja que otros se adelanten por la vía rápida de la autopista, sin bloquearlos; a ellos los come el tiempo, a ti, no.

Lo más importante es ser amable contigo mismo. Piensa en todas las formas positivas en las que sobresaliste en el trabajo, en el hogar y con los demás ese día. No te concentres en las cosas que no van como quieres o en las listas de tareas pendientes que parecen interminables.

- **Las puertas se abren y se cierran**

Es posible que la vida no siempre vaya de acuerdo con tu plan. Tal vez solicitaste un trabajo que realmente querías, pero no te contrataron. Sin embargo, esto significa que se abren otras puertas para ti. No lo pierdas de vista o podrías perderte las mejores cosas. Busca el lado bueno de cada situación. No importa lo mal que se vea, siempre hay algo por lo que estar feliz. Cuando ves las cosas desde este ángulo, tu mente estará entrenada. Sabrás que no importa lo que la vida te depare, puedes superarlo. Cuando miras la vida desde esta perspectiva, también aprecias las cosas buenas cuando suceden.

- **Visualización**

Con los ojos cerrados, tómate un momento para imaginar lo que se necesita para ser feliz. Centrarse en el resultado que deseas lograr es una excelente manera de comenzar el día. También es una buena manera de conciliar el sueño por la noche. Cuando visualizas lo que realmente quieres, puedes ayudar a que suceda.

Durante estas visualizaciones, piensa en cómo te hacen sentir. ¿Estás feliz? ¿Por qué te gustan? En eso es en lo que tienes que concentrarte. Quizás te importe evaluar dónde estás o con quién estás.

- **No tengas miedo de cometer errores**

Todos cometemos errores, así que no creas que eres el único. Si te arriesgas de vez en cuando, no cometerás errores. Pero tampoco alcanzarás el nivel de felicidad que deseas. Puede que te lastimes, pero también sacarás lo mejor de la escena. Si no te arriesgas, te congelarás en el lugar. También terminarás con arrepentimientos de "qué pasaría si" y te robarán tu felicidad. Esto no significa que seas descuidado y luego ignores que has cometido un error. En cambio, significa que hiciste lo mejor que pudiste. Significa que aprendes de tus errores y mantienes la cabeza en alto. También significa que tienes respeto por ti mismo y sabes que lo diste todo.

- **Pasar el rato con buena gente**

Si pasas tiempo con personas positivas, también te volverás positivo. Habrá mucha menos negatividad en tu vida. Hay muchas cosas que puedes hacer para asegurar una relación de calidad. Muchas veces la gente trata de hacer tantos amigos como sea posible, como en las redes sociales, creyendo que eso valida su identidad. Les gusta la idea de agradarle a la gente, por más que no tenga una relación cercana con ellas.

Como dicen, 100 puntos mediocres no son tan buenos como 4 excelentes puntos. En resumen, lo que cuenta es la calidad, no la cantidad. Rodéate de personas a las que quieras, en las que confíes y con las que te sientas cómodo. Necesitas poder hablar con ellos y sentir que te respaldan.

- **Ponerse en contacto**

Una de las cosas que pueden ayudarte a tener una relación más feliz es una mejor comunicación. Escucha más y habla menos y te sorprenderás de cómo te sientes. Si no eres un buen conversador, en una reunión, con solo que hagas unas cuantas preguntas, para que sean los otros los que expongan, te recordarán de la mejor manera. Todos somos únicos y tenemos diferentes perspectivas. No siempre estaremos de acuerdo con nuestros seres queridos, pero también podemos respetar esas diferencias.

No hagas suposiciones ni permitas que los malentendidos se interpongan en tu relación. Se abierto y honesto acerca de quién eres y lo que quieres. Seamos honestos, incluso cuando sea difícil, serás una persona más feliz. No te sentirás culpable ni te preocuparás de que la verdad salga a la luz algún día.

- ### Conocer a alguien

No dudes en conocer gente nueva. Esto se puede hacer participando en las actividades y pasatiempos de tus hijos o simplemente pasando el tiempo caminando por el vecindario. Sé parte de lo que sucede en tu comunidad y podrás conocer a otras personas. Si encuentras a alguien en el trabajo que es positivo y parece una buena persona, tómate el tiempo para conocerlo.

- ### Esfuerzos

Las relaciones toman tiempo para desarrollarse. No te apresures, no saltes de una primera reunión a algo muy profundo. Dale a la relación tiempo para crecer y florecer. No seas una flor del heno y esperes a que alguien venga a ti. Trata de ser sonriente y amigable. La gente no siempre recordará lo que les digas, pero sí, si le resultaste agradable. Con esto en mente, no pierdas demasiado tiempo preocupándose por qué decir. La gente recordará cómo los hiciste sentir. Si haces todo lo posible por demostrarles que eres alegre, positivo y feliz, se sentirán atraídos hacia ti como un imán.

- **La conexión personal es importante**

Aunque las redes sociales son divertidas, han cambiado la forma en que las personas interactúan, y lo hacen de manera un tanto impersonal. Por eso, si tú quieres diferenciarte, siempre incluye en tus relaciones un toque personal. Enviar un correo electrónico o un mensaje de texto es fácil y conveniente, pero no tienes que depender de la otra persona todo el tiempo. Levanta el teléfono y llámalo para que puedas escuchar su voz. Envíale a alguien un agradecimiento escrito a mano y hará que su día sea mucho mejor. Programa el almuerzo con un amigo o da un paseo por el parque con alguien para que puedas ponerte al día. Serás más feliz si mantienes este toque personal en tu vida cotidiana.

- **Solicitud de ayuda**

A veces la vida no es lo que planeamos que sea. Cuando estés en una situación difícil, pide ayuda. Puedes contar con amigos y familiares para que te ayuden en los momentos difíciles. Es posible que tengan soluciones en las que no hayas pensado. También pueden alentarte y ayudarte a mantenerte positivo. Si crees que tienes que llevar el peso del mundo sobre tus hombros, no tienes por qué hacerlo. Cada uno es dueño y creador de su propia vida, nacemos solos y en nuestra muerte también. Nadie puede caminar este camino por ti, pero tú puedes, y otros pueden caminar contigo, y viceversa.

- **Brindar ayuda**

Sé un buen amigo, así como un buen miembro de la familia. No debes recurrir a los demás solo cuando necesites ayuda. A cambio, mantente dispuesto a ayudar cuando se te solicite. Dependiendo de la situación, puedes ofrecer tranquilidad, consejo o hacer algo positivo por ellos sin preguntar.

- **Excluir a las personas negativas**

Una de las partes más difíciles de estar rodeado de buenas personas y hacerte feliz es dejar ir las cosas que te deprimen. El hecho de que alguien haya estado en tu vida durante mucho tiempo no significa que tenga que estar allí. Si tienes una relación cercana, tienes amigos o familiares, o simplemente sientes que alguien se está aprovechando de ti, entonces debes cortar esos lazos. Puede ser difícil de lograr, pero será un paso hacia la felicidad del que estarás muy orgulloso. En las familias, puede ser difícil eliminarlos por completo. Sin embargo, puedes empezar a distanciarte y establecer algunas reglas del juego. Lo mismo ocurre con los compañeros con los que sientes que tienes una mala relación.

- **Recomendaciones**

Si tienes problemas para construir relaciones de calidad, puede ser una buena idea buscar ayuda profesional. A través de la consejería, puedes identificar los obstáculos que pueden impedir la verdadera felicidad en tus relaciones. Puede haber problemas de confianza u otros factores de los que no seas plenamente consciente.

- **Aprende a decir no**

Para que seas feliz, necesitas tener equilibrio en tu vida. Trabajamos al mismo tiempo todos los días y con múltiples actividades. Si tu horario está demasiado completo, no estarás feliz. Sin embargo, es posible que te sientas obligado a decir que sí a todo lo que se te presente.

¡Aprender a decir no es bueno para ti! Esto puede requerir algo de práctica, pero el truco es asegurarse de no dejar que la culpa te abrume. Esto no quiere decir que nunca contribuyas o ayudes. Pero eso significa reservar tiempo para descansar, relajarse y más.

- **Participa en actividades que sean significativas para ti**

Cuando te inviten a un evento, considera cómo te sientes al respecto. Por favor participa si este evento tiene sentido para ti. Por ejemplo, si se le pide que ayude con una recaudación de fondos de la comunidad, es posible que realmente lo disfrute.

Si estás interesado en la actividad, estarás motivado para continuar. También obtendrás una gran satisfacción personal por tu contribución a la causa. Hacerlo te hará feliz.

- **Horario diario**

Una forma de recuperar tu tiempo es crear un propio horario diario. Marca segmentos de tiempo en este planificador cada día, donde te dedicarás a ti. Si debido a limitaciones de tiempo u otras razones, se le pide que ayude con algo que realmente no quiere emprender, dígalo. No se necesita explicación.

La razón más común por la que las personas se niegan a decir NO es porque no tienen una buena explicación. Aquellos que le preguntan pueden muy bien obtener un SÍ como respuesta. Por ejemplo, pueden hacerte sentir culpable por no participar en lo que te piden que hagas.

Otros intentarán convencerte para que digas que lo harás. Por ejemplo, pueden decir que eres muy creativo, por lo que quieren que estés a cargo de la comercialización de una recaudación de fondos.

No tienes que dar explicaciones cuando dices que no. Agradéceles cortésmente por la solicitud y luego espera una respuesta. No debe dar ninguna razón por la que no pueda participar en lo que se le pide que haga.

- **Actitud comprensiva**

Parte de la razón por la que es tan difícil decir que NO es que somos humanos. Queremos ser queridos y, a menudo, asumimos que decir que SÍ lo hará posible. Tal vez en algunos casos, pero hay que trazar una línea. No serás feliz si te empujan en todas direcciones. No podrás dedicar suficiente tiempo a descansar, trabajar y a todas tus obligaciones. En cambio, les molesta tu falta de compromiso. Puedes hacerlo, pero no te gustará. Te sentirás más aliviado que feliz cuando termines lo que te piden.

No te avergüences de por qué dijiste que no. No les hagas saber que estás pensando en ello, o podrías ceder. En una palabra, has asumido demasiado y te has prometido que no asumirás nada nuevo en este momento.

Deberían tener suficiente respeto para no hacerte pensar que no tienes escapatoria. Si le dices Sí a todos, curiosamente no te valorarán. Aquellos que te "usan" deberían pasar a la categoría de personas a eliminar de tu vida. Drenan tu energía y te impiden ser lo más feliz posible.

- **Toma tiempo para ti mismo**

Libera tiempo en tu vida diaria. Tal vez sea hora de tomar una taza de café en el porche o leer algunos capítulos de un libro. Nunca te sientas culpable por tomarte un tiempo para ti. Puedes desempeñar muchos roles, incluido el de cónyuge, padre o empleado. Sin embargo, esto no significa que debas ignorar tus necesidades y deseos. Cuando esto sucede, comienzas a sentirte mecánico sobre las cosas que haces y las acciones que tomas. Puede sentir que no estás a la altura de tu potencial.

- **Cree en tu intuición**

Cuando haces cosas que te hacen feliz, sigues tu intuición. Siempre me ha gustado la música en vivo, así que voy a muchos conciertos. Mucha gente piensa que soy demasiado viejo o que debería ahorrar dinero. Sin embargo, me hace muy feliz. Nada más importa durante esas pocas horas. Puedo desestresarme, preocuparme por las cosas en casa y simplemente disfrutar del espectáculo. También hice grandes amigos que comparten el mismo amor por la música. Me encuentro con algunos de ellos muy a menudo.

A otros solo los veo en conciertos, así que pasar tiempo con ellos lo hace aún más especial. Tú sabes lo que te hace feliz mejor que nadie. Piensa en cómo te sentirías si no participaras en esas actividades. Si eliminarlas reduce tu nivel de felicidad, sigue participando. No todos lo entenderán, pero dedicar tiempo a las cosas que disfrutas es para ti, no para ellos.

• **Sé dueño de quién eres**

No pongas excusas para pasar el tiempo haciendo las cosas que te gustan o siendo lo que sientes ser. Tu personalidad debe reflejar tus deseos y tus gustos. Los hombres parecen ser más difíciles que las mujeres en cuanto llevar adelante sus intereses, que a priori no se ajustan al modelo cultural, temiendo que no se los considere hombres. Por ejemplo, un paciente en terapia me explicaba que le gustaba hornear y experimentar con recetas nuevas en su tiempo libre. Sin embargo, duda en decirle a la gente lo que le gusta hacer. Cuando llevó un pastel a la oficina, la gente le dijo lo afortunado que era de que su esposa le hiciera algo tan delicioso. No compartió la verdad con ellos. En una fábrica dominada por hombres, puedes imaginar cómo creen que reaccionarán si él es el jefe, toda una autoridad, se la pasa horneando pan por la noche.

A veces es difícil ser fiel a uno mismo y no ocultar los hábitos o pasatiempos. Sin embargo, tu personalidad es única y debes estar orgulloso de ella. Tomarse el tiempo para disfrutar de las cosas que amas te ayudará a sentirte más cómodo contigo mismo. No te disculpes con los demás si tu camino es diferente al de ellos. Uno de los cimientos de una relación de calidad no es sólo aceptar lo que es común con alguien, sino también respetar lo que es diferente. Si no te aceptas a ti mismo y lo que tienes que ofrecer, ¿cómo puedes esperar que los demás lo hagan? Aprender a amarte a ti mismo es un gran paso hacia la felicidad. Si no puedes disfrutar tu tiempo a solas, ¿por qué alguien más debería hacerlo?

- **Reflexiona**

Cuando estás solo, puedes relajarte y reflexionar. Piensa en algunos de tus mejores recuerdos. Crean buen humor y te hacen sentir satisfecho. Piensa en los desafíos que has afrontado para superarte y siéntete orgulloso de los pasos que has tomado para marcar una diferencia positiva. También puedes pensar en el futuro y en cómo planeas lograr tus objetivos. El proceso de reflexión nos permite reducir la velocidad y conectarnos con nosotros mismos. Podemos vivir vidas muy aceleradas, lo que significa que no siempre obtenemos los resultados que queremos. Podemos desarrollar la reflexión para salir de la "visión del túnel" y así poder ver el panorama general.

- **Darse tiempo**

Incluso si tienes tiempo para ti mismo, dona algo de tiempo de vez en cuando. Si te gusta cocinar, prepara algunas comidas adicionales para donar a refugios para personas sin hogar. Si te gusta hornear, lleva algunas galletas a tu centro local para personas mayores para que las disfruten.

Recorre tu casa y retira la ropa y otras cosas que ya no uses. Siempre hay alguien que puede usarlos. Dónelos a un refugio o tienda de segunda mano. Haz lo que puedas para devolver algo de tu tiempo libre.

- **Pasatiempo**

Encuentra algunos pasatiempos que realmente disfrutes. Si no estás seguro, intenta algo nuevo. Tal vez una clase de baile o de arte. También puedes pasar un tiempo iniciando un club de lectura o haciendo algunos proyectos de mejoras para el hogar. Tus pasatiempos deben reflejar quién eres y lo que te gusta hacer. Pueden ayudar a reducir el estrés y hacerte sentir que estás logrando algo positivo. Algunos pasatiempos pueden evitar que te aburras y que salgas de las actividades pasivas.

Ofrecer perdón

El perdón es una fuente muy poderosa de felicidad. Podemos guardar rencor y estar equivocados durante demasiado tiempo; esto envenena nuestras mentes y almas y nos roban las cosas buenas de nuestras vidas. La ira no nos hace mejores si no perdonamos.

Cuando hablamos de perdonar para aumentar la felicidad, existen 3 categorías:

- Pide perdón
- Recibir un pedido de perdón
- Perdónate

- **Pide perdón**

Hay muchas razones por las que no pedimos perdón. Tal vez somos demasiado orgullosos o sentimos que ha pasado demasiado tiempo. Podemos pensar que a los otros involucrados ya no les importa.

Pedir disculpas nunca es un signo de debilidad. En cambio, significa que quieres deshacerte de esos sentimientos negativos de una vez por todas. Puedes pedir perdón en persona o puedes escribir. Una llamada telefónica está bien, pero si no estás seguro de cómo reaccionará la otra persona, es mejor no hacerlo. Siempre puedes enviarles una carta diciendo que quieres hablar y luego tienen la opción de contactarte si quieren.

Una llamada telefónica o una conversación cara a cara puede distraerlo y dificultar que acepte tus sentimientos, porque te estás conectando con él. Con la carta, les das tiempo para que lo piensen y decidan escucharte. Asegúrate de que tu solicitud de perdón sea genuina y que indique claramente por qué lo lamentas. No tienes que culparte a ti mismo o aclarar quién tiene razón y quién está equivocado.

Incluso si la otra parte no acepta tus disculpas, te sentirás bien al extender una rama de olivo. Podrá dejar ir la situación y saber que hiciste todo lo que estuvo a tu alcance para arreglar las cosas. La alegría que te traerá es increíble porque podrás dejarlo ir.

- **Recibir un pedido de perdón**

Cuando alguien te solicite perdón, trata de ser amable. Entiende lo difícil que es para alguien comunicarse contigo. Si percibes que realmente lamentan lo sucedido, no los atormentes. Es posible que tengas algunas preguntas que te gustaría que te respondan; pero se prudente con el momento; si ves que la situación se tensa, espera el momento adecuado para solicitar más información.

El perdón no siempre es inmediato. Está bien decirle a alguien que ya no estás enojado, pero ciertamente estás herido. Tus sentimientos pueden cambiar antes de que te sueltes y perdones por completo. Es posible que descubras que no puedes hacer que la relación vuelva a ser como antes, pero ahora tienes algo de respeto por la persona.

Una de las cosas más difíciles, es que uno espera una solicitud de perdón, pero el otro se retira sin disculparse. Debemos recordar que las personas hacen las cosas por diferentes razones. La percepción puede jugar un papel importante en las cosas que nos lastiman o nos molestan. A veces salimos heridos en el fuego cruzado y nos molestamos porque los otros sobreviven; pero puede que estén luchando contra la adicción, la salud mental u otros problemas de los que no somos conscientes. Muestra compasión y perdón siempre que sea posible. No significa que ganaron, solo significa que no quieres seguir jugando ese escenario en tu cabeza y dejar que se aprovechen de ti.

- **Perdónate**

Podemos ser nuestros propios críticos más duros, lo que significa que podemos sabotear nuestra propia felicidad. Tienes que perdonarte a ti mismo. Deja atrás los errores del pasado y sigue adelante. Dite a ti mismo que hiciste lo mejor que pudiste con la información que tenías en ese momento. El hecho de que ahora puedas ver que hay una mejor manera de hacer las cosas significa que has crecido. No cometerás los mismos errores una y otra vez, si haces cambios positivos en tu vida. En la vida, si sigues mirando por el espejo retrovisor, te perderás todo lo que tienes delante. Tu pasado puede haber dejado algunas cicatrices, pero solo muestran que eres más fuerte que las cosas que intentan detenerte.

Recomendaciones

A veces, los problemas que surgen son demasiado grandes para que podamos resolverlos por nuestra cuenta. Si no puedes enfrentarlos, si no puedes encontrar una solución, si te sientes impotente, si te culpas por ello, créeme, no es al único que le pasa, es más común de lo que piensas. Date tiempo para procesar tus sentimientos y ver el lado positivo de las cosas. Hablar con un consejero es una excelente manera de deshacerse de los sentimientos negativos. El proceso de curación puede ayudarte a seguir adelante y sentirte en paz. El hecho de que ofrezcas perdón en una relación no significa que ya no te sientas herido o enojado; simplemente significa que tienes el control de cómo te sientes y que tu fe te permite ser feliz a pesar de lo que sucedió en el pasado.

Deja de compararte con otros

Si tiendes a pensar que la hierba siempre es más verde del otro lado, estás rebajando tu felicidad. A veces es difícil estar feliz por el éxito de otras personas. Sin embargo, muchas veces se asocia con falta de autoestima e insatisfacción con lo logrado.

Recuerda, no sabes qué batallas pelearon otras personas para llegar a donde están hoy. Hay muy pocas personas en este camino al éxito, sin haber tenido que hacer sacrificios, trabajando duro o cometiendo errores. Los ves en la cima de la montaña, pero a menudo te pierdes el camino difícil hacia la cima.

Estar agradecido

Tómate el tiempo para apreciar verdaderamente todo lo que te rodea. Si puedes llegar a fin de mes, tener buenas relaciones y disfrutar de tus pasatiempos, estará bien, es mucho más de lo que la mayoría tiene. Es genial tener metas y luchar por más. Solo asegúrate de no perder de vista la felicidad que está justo frente a ti porque quieres lograr por el solo hecho de lograr.

Ocupación

Puede ser difícil trabajar todos los días con personas que tienen un papel mejor que el tuyo en la organización. Tal vez solicitaste el mismo trabajo cuando abrió la empresa, pero no lo obtuviste.

Encuentra razones para estar muy satisfecho con tus asignaciones.

Si no estás satisfecho con tu trabajo, considera hacer algunos cambios. Tal vez puedas aprender una nueva área del negocio en el que ya estás. Tal vez sea hora de comenzar un nuevo negocio en otro rubro. No te ates a tu trabajo a menos que tengas un contrato a término fijo. Nuevos comienzos, nuevas caras y nuevos desafíos pueden ser justo lo que necesitas para mantenerte feliz en el trabajo.

Casa

Nuestro hogar es nuestro castillo, pero con el tiempo podemos darlo por sentado. Quizás estés cansado de ver las mismas cosas todos los días. Si quieres quedarte en esa casa, haz algunos cambios. Nuevas ventanas, nuevas cortinas e incluso una nueva capa de pintura definitivamente cambiarán su atractivo exterior. Agrega algunas pinturas hermosas para ofrecer nuevos puntos focales en cualquier habitación.

Si tu casa es demasiado grande o demasiado cara, considera venderla y cambiarte por otra más pequeña. Mudarse a un espacio más pequeño significa menos mantenimiento, lo que puede ahorrarte dinero. Por supuesto, es posible que también tengas mucho de lo que deshacerte, así que piensa en lo que estás dispuesto a renunciar. No te ofendas si la casa de alguien es más grande que la tuya. No te enojes porque está en un lugar mejor que la tuya. Siéntete orgulloso de quién eres y asegúrate de no exagerar con lo que puedas pagar para mantenerte al día con las casas de otras personas.

El coche

La seguridad y la asequibilidad deben ser los factores principales a la hora de comprar o alquilar un coche. No lo compre solo para competir con los que sus vecinos tienen en la entrada de su casa. Un automóvil deportivo no lo hará feliz, ¡incluso si se ve elegante y es divertido de conducir!

Niños

¡No compares a tus hijos con los hijos de otras personas! Todos nos preocupamos por nuestros hijos. Cada niño aprende a un ritmo diferente, tiene diferentes intereses y diferentes comportamientos. No puedes comparar el aprendizaje o el rendimiento de tu hijo con otro. Concéntrate en lo que tu hijo tiene para ofrecer y en lo que te hará feliz... ¡y a él!

Apariencia

Para ser feliz, tienes que ser feliz con la forma en que te ves. Sin embargo, no tienes que parecer un modelo. A menudo vemos a las celebridades luciendo geniales apenas unas semanas después de dar a luz. Recuerda que cuentan con entrenadores personales y chefs. También los ayudan a cuidar a los bebés para que puedan descansar lo suficiente. Alguien elige su ropa, los peina y maquilla.

Estas cosas no están disponibles para la gente común. Sin embargo, tendemos a compararnos con la apariencia de las celebridades. Está bien admirarlos, pero es importante recordar que no lo hacen solos. Además, no compares tu apariencia con la de tus amigos o familiares. Todos tenemos características únicas que trabajan a nuestro favor. Si no te gustan las cosas de tu cuerpo, esfuérzate por cambiarlas. Por ejemplo, perder peso o desarrollar músculo. Si no estás satisfecho con la forma de tu rostro, considera usar diferentes productos de maquillaje. Cambiar el color y el estilo de tu cabello también puede cambiar tu apariencia. Sé feliz con quien te ves en el espejo. Si bien vivimos en una sociedad donde las apariencias tienen un gran impacto, son las personas que están en ella las que realmente se destacan. Si las personas solo te prestan atención por tus atributos físicos, no son el tipo correcto de persona con las que debes rodearte.

Enfrenta tus miedos

Nada destruirá la felicidad ni te impedirá alcanzarla como el miedo. Las personas experimentan diferentes tipos de miedo que las retienen. El miedo al fracaso es el más grande. Como mencioné anteriormente, si no lo intentas, nunca lo sabrás. Los fracasos pueden ocurrir, pero también los éxitos. A menudo debes soportar mucho ensayo y error para tener éxito. Algunas de las personas más exitosas del mundo lograron alcanzar la cima simplemente porque no abandonaron sus ideas. Con cada fracaso, aprenden otra forma de equivocarse que deberán evitar.

Es importante mantenerse positivo y superar tus miedos. Piensa en el mejor escenario posible donde tus esfuerzos comienzan a producir. Considera también el peor de los casos. Prepárate para lo mejor, pero también para lo peor.

Curiosamente, nuestros miedos a menudo no son tan malos como los monstruos que creamos en nuestras cabezas. Cuando nos enfrentamos a estos miedos, nos fortalecemos y avanzamos. Se puede decir que somos fuertes y esto también da una sensación de felicidad.

Asumamos el éxito

Siempre debes creer que puedes hacer lo que quieras. Si no confías en ti mismo, sucumbirás a la duda. Cuando tienes gente positiva a tu alrededor, puedes calmarte. Si tu estructura social consiste en personas que te deprimen en lugar de elevarte, la duda ganará. En caso de duda, pregúntate cómo puede lograr lo que deseas. Recuerda, si no dices o haces nada, siempre fracasarás. Solo cuando avanzas con precauciones, realmente puedes ver la diferencia. Si tienes alguna pregunta, por favor enumérelas. Así que haz otra apuesta para ganar. Verlo todo en papel te permite tomar acción.

Riesgo calculado

Sin embargo, enfrentar tu miedo no significa bajar la guardia. Algunas formas de miedo nos protegen del mal. Piensa en lo que quieres probar y por qué. No tienes nada que demostrarle a nadie más que a ti mismo. No permitas que las actividades peligrosas sean parte de tu proceso de superación de tus miedos, ya que pueden dañarte física o mentalmente.

El cálculo del riesgo implica investigar las opciones y encontrar la solución que mejor se adapte a tus necesidades. Te ayuda a ver errores comunes y formas de evitarlos. Al tomar este tipo de riesgo, puedes reducir significativamente el riesgo de fracaso.

Mantente optimista

Incluso puedes obtener mucha energía del miedo si eres positivo. Cada vez que empieces a sentirte negativo acerca de tus miedos, erradícalos. Cuando tienes pensamientos positivos, atraes el éxito que realmente deseas. Cuando tengas miedo, concéntrate en respirar regularmente para no detenerte. Concéntrate en tus victorias para ayudarte a mantenerte positivo. Si solo has alcanzado una parte de tu objetivo, estás más lejos de lo que empezaste y más cerca de la meta. No dejes que el fracaso sea todo o nada en tu libro.

Planifica

Tampoco querrás prepararte para el fracaso. Necesita un plan de acción realista que no sea demasiado difícil ni demasiado fácil. Por ejemplo, tu plan puede ser perder 5 kg, pero si no planeas cambiar tu dieta o realizar tus ejercicios, con el solo deseo no basta. Es posible que desees obtener un mejor trabajo, pero para ello debes estar realmente dispuesto a aprender nuevas habilidades.

Después de todo, a menudo realmente lamentamos las oportunidades perdidas. Así que tienes que enfrentar tus miedos y seguir adelante. No siempre será fácil y no siempre funcionará de la manera que deseas. Sin embargo, no querrás perder el sueño por la noche pensando en las oportunidades desperdiciadas.

Hacer un plan para el cambio

Si no puedes tomar todo en tu vida y ser feliz con ello, entonces necesitas un plan para el cambio. Hay muchos tipos de cambios que se pueden hacer para hacerte más feliz. Haz un inventario de lo que necesitas para ser verdaderamente feliz.

Tal vez necesites mejorar tus relaciones con familiares y amigos. Tal vez necesites más tiempo para ti y tus pasatiempos. Reducir el estrés por el dinero puede ayudarte a ser más feliz. La autoaceptación y una actitud positiva también pueden ser parte del plan de cambio.

El tiempo

Una de las mayores barreras para el cambio es el tiempo. La gente siente que simplemente no tiene suficiente. Como lo mencioné anteriormente, el tiempo comienza a ganarse aprendiendo a decir "no". Comienza a escribir en un planificador personal el tiempo empleado en cosas importantes, antes de llenarlo con todo lo demás.

Para que los cambios sucedan, tienes que estar dispuesto a aceptarlos. El cambio no es fácil y puede tomar tiempo y paciencia. Necesitas un plan de acción que te ayude a alcanzar tus objetivos. Por ejemplo, si quieres estar más activo, haz un plan para hacer ejercicio 30 minutos al día. Si el día se te escapa, reserva tiempo a primera hora de la mañana. Si estás perezoso por la mañana, la tarde puede ser una mejor opción.

Luego busca el lado positivo de las actividades que realizas, para no tratar de deshacerse de ellas. El ejercicio debe ser algo que esperas con ansias, no algo que tratas de evitar. Hablando de variedad, no siempre podrás participar en tus actividades favoritas. Aquí es donde entra la disciplina.

Si es así, piensa cuánto mejor será cuando hagas este cambio. Imagina el nivel de felicidad que te traería dejar de fumar o terminar tu carrera. Esto te ayudará a mantenerte motivado y hacer las cosas.

Apoyo

Obten aliento y apoyo de familiares y amigos. Diles lo que quieres cambiar y por qué. Rodearte de buenas personas te anima y te enorgullece de tus esfuerzos. Este apoyo también te obliga a asumir un mayor nivel de responsabilidad que antes. También puedes pedirle a un amigo que te ayude con la conversión. Por ejemplo, tu cónyuge puede decidir trabajar contigo para dejar de fumar o hacer cambios en su dieta y ejercicio. ¡Hacer algo así con alguien es definitivamente más fácil que hacerlo solo!

Prémiate

Finalmente, hay una manera de seguir tu progreso y recompensar tus esfuerzos. Si insistes en hacer ejercicio día tras día, disfruta de una porción de tu postre favorito o una noche de cine o algo así, si cumples tal rutina. Quieres que la recompensa coincida con el objetivo a largo plazo que te has fijado; por ejemplo, si planeas completar un título de cuatro años, te recomiendo que te otorgues al final de cada semestre completado, un premio, y uno mayor cuando te recibas.

Método

Recuerda que no tienes que hacer todo solo. Existen algunos recursos para ayudarte a planificar los cambios. Habla con tu médico si quieres sentirse mejor. Si quieres comer mejor, consulta a un nutricionista. Un planificador financiero puede ayudarte con el presupuesto y la planificación de la jubilación. Usa recursos que te ayuden a obtener un camino claro hacia tus objetivos.

Escríbelo

Debes redactar tu plan de acción para el cambio y ser más feliz. Esto lo hace más específico. Establece una fecha de inicio y una fecha de finalización para lograr tu objetivo final. Si el objetivo es ambicioso y de largo plazo, divídelo en pequeños pasos para lograrlo. Ser capaz de celebrar el éxito te mantiene motivado.

Valorar

Evalúa periódicamente tu plan de acción de cambio. ¿Eres más feliz? ¿Sientes que el plan sigue funcionando para ti? Si no es así, actualízalo. Puede suceder que debas cambiar ciertos elementos del plan que te permitan superar obstáculos imprevistos.

Cuida tu mente y tu cuerpo

Si quieres ser feliz en la vida, debes cuidar tu cuerpo y tu mente. La mente y el cuerpo trabajan en sincronía, por lo que deberían poder brindarte lo mejor. Pero cuando se desincronizan, deberás trabajar para que vuelvan a ese punto de equilibrio.

Químicos en el cerebro

Para experimentar placer, ciertas sustancias químicas deben estar presentes en el cerebro. El equilibrio químico en el cerebro es muy complejo. El ejercicio te ayuda a liberar sustancias químicas que te hacen sentir bien. Algunas personas no tienen la combinación adecuada de productos químicos.

Si este es el caso, es posible que necesites medicamentos o vitaminas para ayudar a regularlo. Muchas personas sufren problemas de salud mental, incluida la depresión, que les impiden ser tan felices como quieren ser. Habla con un profesional sobre esta opción y mira si puede ayudarte a ser más feliz de lo que pensabas. Si no se mejoran todos tus esfuerzos previos, este puede ser el siguiente paso.

Verifica tu estado financiero

Uno de los factores importantes que pueden poner en riesgo a la tranquilidad, y, en definitiva, a la felicidad, es la presión financiera. De hecho, la economía es complicada, pero esto no es una excusa para acumular las facturas y las deudas. Debes asumir la responsabilidad para que puedas sentirte bien acerca de tus finanzas.

Si crees que más dinero resolverá tus problemas, estás equivocado. De hecho, debes esforzarse por vivir por encima del umbral de la pobreza; sin embargo, la comodidad financiera no equivale a una mayor felicidad. Para muchos, esto puede significar menos tiempo libre y más estrés.

Amo mi carrera

La persona promedio trabaja muchas horas y años en su vida. Entonces, si quieres ser feliz, debes amar tu carrera. No aceptes un trabajo que odias solo para ganar más dinero. Por supuesto, ¡es importante asegurarte de tener un trabajo que pague las cuentas!

Algunos encuentran trabajo y se quedan allí durante décadas. Siguieron escalando e hicieron una buena carrera. Algunos trabajos son un buen lugar para comenzar, pero no funcionan como metas finales de satisfacción. No te quedes atascado en trabajos sin salida. Nunca es tarde para ampliar tus conocimientos. Encuentra un nuevo trabajo, aprende una nueva habilidad o incluso regresa a la universidad para obtener un título.

Presupuesto

Para administrar tus finanzas, necesitas hacer un inventario de tus gastos. Una lista de todas sus facturas mensuales debe incluir:

- Alquiler de vivienda/hipoteca
- Servicios públicos e impuestos
- Pago de coche/alquiler de cochera/transporte público
- Seguro
- Alimentos.
- Atención médica/medicamentos
- Cuidado de niños u otras responsabilidades.

Luego ingrese cualquier gasto variable. Estas son deudas no garantizadas que puede pagar. Debe incluir:

- tarjeta de crédito
- préstamo personal
- Crédito rotativo

Haz una lista de todos tus ingresos y compáralos con tus gastos. Eso es lo que te queda cada mes. Usa tus tarifas variables para pagar lo más que puedas por encima del mínimo cada mes para pagar más rápido y reducir la tasa de interés general.

Un plan de acción

Si tu presupuesto parece estar fuera de control, obtén ayuda. Hay muchas instituciones financieras que pueden ayudarte con tu presupuesto de forma gratuita. Tienen clases de presupuesto que pueden ayudarte a volver a encarrilarte. Si tienes pareja, la planificación de las actividades financieras deben hacerse en equipo. Establece metas en las que ambos estén trabajando y revisen su plan periódicamente.

Si tus gastos son mucho más altos que tus ingresos, es hora de hacer algunos cambios. ¿Puedes encontrar otro trabajo para complementar tus ingresos y pagar las deudas? ¿Puedes trabajar desde casa en tu tiempo libre y ganar más dinero para tu familia? Mira los tutoriales en youtube, te sorprenderás las formas de ganar dinero desde tu hogar. Tal vez necesites mudarte a un lugar más barato o cambiar el automóvil por otro más económico.

Si debes una gran cantidad de deuda no garantizada, habla con ellos sobre una tasa de interés más baja o una opción de liquidación. Si colocas sumas globales en tu cuenta, pueden reducir significativamente la cantidad que debes para eliminar esa deuda.

Lo mejor es evitar los prestamistas de consolidación, ya que a menudo cobran tarifas altas y tu posibilidad de saldar el crédito puede terminar sufriendo. También desearás evitar declararte en quiebra a menos que sea absolutamente necesario.

Características adicionales

Sé consciente de lo que gastas en servicios adicionales. Salir a comer, ver una película o incluso comprar un café en un bar puede sumarse rápidamente. Si estás seguro hacia dónde va su dinero, puedes reducir algunos de estos costos adicionales. Identifica una o dos cosas adicionales que realmente quieras.

Ahorros

Además de pagar tus facturas cada mes, también debes cubrir tus propios gastos. Asignar una cantidad fija de ingresos al ahorro. Es importante que tengas dinero para emergencias. De esa manera, no tienes que usar tu tarjeta de crédito o línea de crédito renovable en una emergencia. Cuando gastas el dinero que ahorraste, no tienes que pensar en los intereses que deberás devolver.

Jubilarse

También es importante prepararse para el futuro. La jubilación parece lejana, pero cada vez está más cerca. Es importante prepararse para esto y comenzar lo antes posible.

Si tu empleador tiene un plan de pensiones, contribuye tanto como puedas. Si tu empleador no ofrece este servicio, debes consultar a un asesor de pensiones. Ellos pueden ayudarte a crear una cuenta. Si pasas de un trabajo a otro, debes transferir tu plan de pensiones en lugar de cobrarlo.

Para diversificar tus fondos de jubilación, necesitas diversificar tu cartera de inversiones. Esto te ayudará a evitar grandes pérdidas si la inversión no funciona bien. También es importante considerar el nivel de riesgo que deseas asumir al jubilarte. Cuanto más te acerques a la jubilación, menos riesgo correrás con estos fondos.

Finalmente

¿Eres feliz? ¿Quizás crees que no tienes esa suerte? Tal vez has sido infeliz durante tanto tiempo que parece ser parte de la vida. Ahora es el momento de mezclar las cosas y ver qué sale. No dejes que el miedo a lo desconocido o el miedo al fracaso te detenga.

No prestes demasiada atención a lo que piensan los demás. Siempre que tu búsqueda de la felicidad no perjudique a los demás, acércate a ella con la cabeza alta y la confianza suficiente. Haz tu mejor esfuerzo para no dejar que tus actividades financieras reduzcan tu nivel de felicidad. Preocuparse por el dinero puede hacer que sea difícil disfrutar de muchas otras cosas.

Para muchas personas, simplemente encontrar el coraje para decir NO a innumerables compromisos que requieren mucho tiempo es un gran paso adelante. Si lo logran, seguramente sentirán más en control de su vida. A las personas felices le gusta ver algunos espacios vacíos en el calendario en lugar de llenarlo todo el tiempo. Les gusta tener tiempo para descansar o visitar a sus seres queridos.

Puedes elegir ser feliz con una mente positiva para comenzar a cambiar las cosas, o mantenerlas como están, pero a no quejarse si no logras nada. Si tienes baja autoestima, arréglalo. Es difícil ser feliz cuando constantemente te sientes mal por lo que eres. Además, no te concentres demasiado en la belleza física. Puede que te sorprenda cuántas personas hermosas son infelices. A menudo se preguntan si a la gente le agradan por otras razones. Lo mismo ocurre con las personas que tienen mucho dinero. Siempre se preocupan de que la gente solo lo busca por su fortuna y no por algo personal.

Esto quiere decir que todos tenemos problemas internos y variables externas que debemos aprender a manejar. El mundo real no siempre es amable, así que empieza por ser siempre amable contigo mismo. Tómate el tiempo para ser amable y generoso con otras personas en tu vida, así como con los extraños en la calle. Puede significar más cosas diferentes para ellos de lo que piensas.

Una de las formas más fáciles de cambiar tu forma de pensar es participar en la práctica diaria de expresar gratitud. Haz una lista de las cosas por las que estás agradecido y comienza tu día con un pensamiento positivo. Realmente puede cambiar la forma en que pasas el día. Una vez que comprendes que no se trata de cosas materiales y dinero, puedes encontrar la felicidad. A las generaciones más jóvenes les resulta cada vez más difícil aceptar este mensaje. Vivimos en una sociedad que pretende promover los objetos materiales como el camino hacia una vida feliz. Muchos anuncios dan testimonio de esto. Nunca proponen a una persona feliz en un auto viejo... todo lo contrario. Los que si aparecen felices son los vendedores de autos que, se muestran contentos de que necesites un auto nuevo y de…los pagos que vienen con él.

Aunque no podemos controlar todo lo que sucede a nuestro alrededor, tenemos la opción de ser felices. Las personas felices y exitosas en la vida no solo tienen suerte. En cambio, aprecian las pequeñas cosas y se rodean de personas positivas. Tienen tiempo para sí mismos para no sentirse abrumados. Pasan tiempo relajándose y participando en actividades que disfrutan. Se esfuerzan por tener un cuerpo y una mente sana para poder seguir siendo felices a cualquier edad.

Define qué significa la verdadera felicidad para ti y luego haz todo lo que puedas para lograrlo. Tienes una gran perspectiva sobre este material que puede ayudarte a hacer cambios positivos que mejorarán tu vida. Elije un cambio a la vez y concéntrese en él. Cuando te sientas bien, agregas otro. Descubrirás que te sentirás más feliz en poco tiempo. Deja de perder el tiempo en actividades y personas que te deprimen. ¡La vida es demasiado corta solo para quejarse!

Capítulo 2
El camino hacia
una mente positiva

Nuestro estado de ánimo actual es un hábito adquirido a partir de la retroalimentación de los padres, conocidos, la sociedad y nosotros mismos que da forma a nuestra propia imagen y visión del mundo.

Estas actitudes mentales se mantienen a través del diálogo interno que mantenemos constantemente con nosotros mismos, consciente e inconscientemente. El primer paso para cambiar nuestra actitud es cambiar nuestro diálogo interno.

¿Qué es el pensamiento positivo? Remez Sasson (autor y creador de SuccessConsciousness.com) define el pensamiento positivo como una actitud mental que incluye pensamientos, palabras e imágenes que ayudan a crecer, expandirse y tener éxito.

Él lo llama una actitud mental de esperar resultados buenos y favorables. Una forma positiva de pensar predice felicidad, alegría, salud y resultados exitosos de cualquier situación y actividad. Lo que la mente espera, lo encuentra. Se han escrito libros sobre el tema, se han realizado seminarios, y la gente paga mucho dinero para asistir a estos eventos y comprar estos libros que solo reflejan una cosa; la gente quiere tener éxito y se da cuenta de que la única forma de tener éxito es tener una actitud positiva u optimista.

La misma palabra positivo significa asociarse con hechos, verlos bajo una luz positiva. Otros podrían decir que el pensamiento positivo siempre ve el lado positivo de cualquier situación, sin importar cuán desfavorable sea. El optimismo y la felicidad están asociados con el pensamiento positivo. El pensamiento positivo es una habilidad que cualquiera puede aprender y dominar; es una herramienta que puede ayudarte a alcanzar tus metas, plazos y sueños.

Más tarde, Remez Sasson definió el pensamiento positivo como el acto de examinar los procesos de pensamiento y el comportamiento personal en áreas que necesitan mejorar y áreas que tienen un impacto negativo, y luego usar las herramientas adecuadas para cambiar esos pensamientos o comportamientos de manera positiva; o sea con un enfoque positivo y enfocado. Básicamente, el pensamiento positivo se trata de identificar los pensamientos negativos en tu cabeza, abordarlos, reconocer las influencias negativas que pueden obstaculizar tu éxito y eliminarlos de la mente.

Con una actitud positiva, puedes limitar el fracaso, pero no te impedirá llegar a tu destino, que es el éxito.

Confianza:

La confianza en uno mismo es "creer en uno mismo y en los poderes o habilidades de uno". Este sentimiento se puede confundir fácilmente con el sentimiento de que sabes que eres mejor que los demás o que no te importa lo que piensen los demás, lo cual es una creencia falsa, no se trata de otras personas, se trata de ti mismo, cómo te ves, cómo eres.

Conciencia de sí mismo

El primer paso para aumentar tu confianza es cortar la voz interior que sigue diciéndote que es imposible. Detenla, y pregúntate qué es lo peor que puede suceder. Generalmente verás que la realidad no resulta ser tan mala como te lo anunciaba la voz temerosa en tu cabeza. Cuando te atreves a desafiar tus miedos, experimentas y descubres que no es tan aterrador como pensabas.

El apoyo moral es una parte muy importante para generar confianza, y siempre confía en alguien que pueda ayudarte a sentirse mejor. Ser abierto sobre tus miedos y sentimientos no solo te hará sentir mejor, sino que te dará una perspectiva diferente de cómo te ven los demás, y escuchar a alguien decirte que puedes hacer algo te dará una motivación adicional para hacer algo.

Intentar algo solo a veces puede ser abrumador, así que trata de encontrar un compañero que te motive; un buen ejemplo es correr, tu pareja te llamará cuando te dé pereza correr, te espera en algún lugar para hacerlo, te ayudará a iniciar cualquier proyecto en el que te quieras involucrar. Piensa siempre que, si otros pueden hacerlo, tú mismo puedes hacerlo. Aunque sea a pequeños pasos, todo resulta más fácil.

Visualizar

La visualización se refiere a predecir el futuro mediante la construcción de una imagen o escenario imaginario en tu mente, y la imagen de ese escenario se refleja en el logro de una meta o fecha límite. Las visualizaciones son una parte importante del viaje hacia algo porque te mantienen motivado.

Ver un producto terminado o un logro en tu mente te hace querer trabajar más duro para lograr ese objetivo. Sin visualización, puedes dudar de lo que realmente estás haciendo, y es posible que no puedas concentrarte en el significado real de por qué estás tratando de lograr tus objetivos.

Además de mantenerte motivado, las visualizaciones pueden indicar posibles problemas futuros con tu plan. Si una joven pretende seguir una carrera de modelo, es posible que se dé cuenta de que necesita mantener su figura en un cierto tamaño para que no afecte esa carrera, por lo que, con las proporciones de su cuerpo en la mente, empezará a seguir una dieta y a realizar más ejercicio.

Aunque por ahora es solo un sueño, está dispuesta a trabajar para hacerlo realidad eliminando cualquier objeto que pueda impedir que su sueño se haga realidad. Visualizar tus objetivos haciéndose realidad hace que sea más fácil trabajar en ellos; y mantiene viva tu necesidad de logro.

A veces, imaginando algo, te das cuenta de que realmente no lo quieres y prefieres elegir otra cosa, por lo que te ayudará a no perder el tiempo en cosas que, después de todos los esfuerzos, no traerán satisfacción.

Trata a los demás como quieres que te traten

La forma en que tratas a los demás muestra quién eres. Refleja tu educación básica e incluso tu personalidad. La mayoría de la gente llama a esto la regla de oro. Además de ser lo más sencillo del ser humano, también es muy importante porque la vida es un carrusel, no siempre estás sobre él, te puedes caer en cualquier momento y necesitas que alguien te ayude a levantarte. Tratar a los demás con dignidad y respeto; no solo los hará sentir bien y apreciados, sino que también te hará sentir mejor.

Cuando tratas a las personas como quieres que te traten, construyes esa reputación y te conviertes en una persona amable y amorosa.

Es posible que una buena reputación no te sirva de mucho, pero ayudará a quienes te rodean a saber que pueden confiar en ti y que estarán allí para cuando los necesites. La frase se explica mejor en el marco religioso de "ama a tu prójimo como a ti mismo". Esta frase a menudo se les enseña a los niños pequeños para mostrarles que, si eres amable con alguien, ellos también lo serán contigo. Los niños entienden esto, y los adultos también, el mundo en el que vivimos sería un lugar mejor si todos trataran a los demás como quieren ser tratados.

Entrena tu cerebro para convertir la negatividad en positividad

Uno tiene la capacidad de controlar su pensamiento y sobre cómo percibe cualquier situación en la que se encuentra. Puedes que aceptes tus pensamientos, que no estés contento con ellos y prefieres cambiarlos, o que te congeles en situaciones extremas o triviales y sientas lástima por ti mismo.

Cuando las cosas salen como no quieres, te sientes decepcionado o triste, la decepción puede convertirse fácilmente en ira, o te sientes derrotado e impotente, pero esa es una elección personal. Si algo no funciona o no sucede, no significa que nunca lo hará, simplemente significa que no estás listo y que todavía tienes que crecer y madurar.

Siempre es mejor ver las cosas de otra manera cuando pierdes el autobús al trabajo o a la escuela; así que siempre piensa en lo que pasaría si hubiera un accidente en ese autobús. No te sientas mal si tu novio se olvida de invitarte a salir por la noche y te quedas sola en casa; piensa en todas las cosas que podrías sola, sin presiones, pero para las que nunca tuviste tiempo. Los errores son tan comunes como los aciertos, el fracaso no es un certificado de muerte... si te levantas y lo intentas de nuevo.

Cuando las cosas siempre salen como queremos, nos vuelven egoístas y egocéntricos, por lo que los pequeños fracasos nos mantienen alerta, señalan nuestra falibilidad y nos dan sabiduría. Recuerda que siempre hay un mañana para intentarlo de nuevo.

Acepta siempre las cosas que no puedes cambiar, esto te ayudará a evitar decepciones. Cambia las cosas que no quieres en tu camino, trabajando más duro o buscando alternativas, y siempre ten cuidado de saber la diferencia entre conformismo y éxito. Aprecia las pequeñas cosas de la vida antes de anhelar las cosas más grandes, para que sepas que la vida puede ser buena frente a todos los demás grandes cambios, y siempre espera poco o nada para evitar la decepción.

Actitud positiva

Para obtener resultados positivos hay que tener una actitud positiva, las personas negativas no pueden obtener resultados positivos. Tomar medidas positivas le dará la esperanza de obtener mejores resultados, por lo que no puedes subestimar el poder del pensamiento positivo. Una actitud positiva elimina todos los sentimientos de autocompasión que te hacen abandonar algo que quieres lograr.

Si siempre te comportas de cierta manera durante mucho tiempo, ese comportamiento comienza a formar parte de tu personalidad, y el comportamiento que requiere mucho esfuerzo puede convertirse naturalmente en un comportamiento reflexivo.

Tratar de ser siempre positivo puede ser difícil al principio porque esa pequeña voz interior te dice que no puedes, pero cuanto más intentas mantenerte positivo, incluso en situaciones negativas, más fácil se vuelve y eventualmente se convierte en parte de ti, de tu personalidad. La mayoría de las personas experimentan negatividad cuando se despiertan por la mañana y se dan cuenta de que tienen un día largo y ajetreado por delante. Se sienten inconscientemente desafiados e indefensos, y este es el momento perfecto para incorporar una actitud positiva.

Despierta cada mañana sabiendo que tu día va a ser bueno y que tienes el control total de tu felicidad. Es posible que no puedas controlar lo que sucede durante el día, pero puedes controlar cómo reaccionas ante lo que sucede.

Aunque tu día no sea como querías, en lugar de enojarte o incluso enojarte contigo mismo y sentir que fallaste, relájate y date cuenta de que hay otra oportunidad para volver a intentarlo mañana e incorporar estos cambios positivos en tu vida.

Toma el control de cómo reaccionas ante cada situación que te rodea, al principio puede que solo estés actuando de manera positiva, pero en algún momento te darás cuenta de que ya no está fingiendo, en realidad te estás manteniendo positivo.

Tolerar el progreso en uno mismo y en los demás

Cuando estás luchando por lograr una meta en la vida, puede ser porque conoces a alguien que ya ha logrado su meta, o puede ser alguien que todavía está trabajando para alcanzar la misma meta que tú.

No importa lo que hagas, tu ritmo de progreso probablemente será más lento que el de tus amigos, enemigos o archirrivales que comenzaron antes. Esta situación puede ser un factor frustrante e incluso puedes sentir que te has esforzado más que la otra persona, pero ella ha logrado más que tú.

Tolerar el progreso en ti mismo y en los demás es muy importante porque compararte con los demás puede frenarte e incluso distraerte de lo que deberías estar haciendo. Cuando haces algo, puede ser porque quieres sentirte mejor al lograrlo, y puede ser perfecto para ti, pero cuando comienzas a compararte con tus compañeros, pierdes de vista tu único propósito.

Además de perder el propósito de hacer algo, también puedes terminar no haciéndolo con la conciencia tranquila porque en vez de enfocarte en ti mismo, te enfocas en lo que están haciendo tus competidores. Esta negatividad alimentada por los celos te retrasará aún más y pondrá a tu competencia por delante de ti. Esto puede aumentar aún más tu negatividad. Es importante estar abierto a los logros de otras personas y no ser movido o influenciado, porque las personas somos diferentes y tenemos habilidades diferentes, eso no significa que otras personas sean de alguna manera mejores que tú. Centrarte en tus metas y logros te ayudará a trabajar con mayor precisión, concentrarte en el trabajo o lo que sea que estés haciendo y, como resultado, obtendrás mejores resultados.

Usa afirmaciones positivas diarias

Cada pensamiento que piensas, cada palabra que dices es una afirmación. Todo nuestro diálogo interno es una serie de afirmaciones. Estamos constantemente afirmando inconscientemente con nuestras palabras y pensamientos, y este flujo de afirmación crea nuestra experiencia vivida momento a momento.

Esa voz que siempre escuchas por dentro y piensas que eres tú el que habla, en realidad es tu conciencia, una mezcla entre tú, tus miedos y tus ambiciones. Lo que es seguro, esa voz es muy poderosa.

Todo el mundo sabe que tenemos una voz interior positiva y negativa. Lo positivo es en lo que debemos enfocarnos y darle a nuestra voz el poder de cancelar lo negativo. Es como un lavado de cerebro en donde solo se pretende tener una voz positiva en la mente. Muchas personas preguntan si funcionan estas afirmaciones positivas y cómo generarlas, e incluso qué tan rápido afectan nuestras vidas.

Asegúrate de trabajar en tus afirmaciones, especialmente en aquellas que sean tus favoritas. Dices algunas afirmaciones en tu cabeza que te hacen sentir bien y refuerzas esas afirmaciones, para que resulten más efectivas. Estas declaraciones positivas dan sus frutos rápidamente.

Pero para algunos, esto puede parecer un autoengaño, una señal de resistencia, lo que sugiere que puede tomar un poco más de tiempo de lo planeado, pero la persistencia ayudará a acelerar el proceso. No importa en qué área de tu vida te encuentres o quién seas, seguramente este proceso hará más que solo hacerte sentir mejor contigo mismo y con tu vida. Si se usan correctamente, pueden marcar una gran diferencia en tu vida. Cambia tu mentalidad, reprograma tus pensamientos y elimina las viejas creencias negativas que te han destruido una y otra vez a lo largo de tu vida. Así que comienza a recitar tus afirmaciones positivas hoy y acércate a la vida que has deseado durante años.

El peligro de pensar siempre en negativo

Los pensamientos negativos pueden tener un gran impacto en una persona, además de obstaculizar el progreso y el éxito, como así también comenzar a afectar su salud física y, lo que es peor, pueden comenzar a afectar a quienes lo rodean.

Los pensamientos negativos te impiden lograr lo que quieres porque sientes que no puedes lograrlo, que no puedes hacer nada al respecto, también te hacen sentir que no vales nada y que no quieres intentar nada más. Además, si comienzas a sentirte inútil, comienzas a descuidarte y dejas de preocuparte por tu apariencia, lo que puede afectar incluso tu salud.

Si te sientes negativo todo el tiempo, puedes desencadenar migrañas, y el estrés será algo habitual en tu vida. Si tu negatividad comienza a afectar a otras personas, entonces tienes motivos para preocuparte, porque si todos tus amigos o colegas sienten lo mismo que tú, entonces no todos podrán superar este sentimiento. Estar rodeado de personas negativas es muy peligroso porque no intentarán hacerte lucir lo mejor posible. En lugar de animarte cuando estás deprimido, estarán de acuerdo contigo en que no puedes mejorar ni hacer nada positivo. Cuando estamos en un estado negativo, no atraemos elementos que mejoren nuestra vida; en cambio, atraemos a aquellos que no nos ayudan a creer que algo está mal y atascado. En pocas palabras, cuando pensamos negativamente todo el tiempo, atraemos emociones y eventos negativos. Por lo tanto, cuando uno está en un estado negativo, todo parece estar mal. Esta situación no te está haciendo ningún favor, no puedes ser una mejor persona con personas negativas. Los pensamientos negativos son realmente peligrosos y deben ser eliminados.

Aquí tienes 20 afirmaciones para pensar positivamente:

• Soy una persona valiosa y merezco amor y respeto.
• Tengo el poder y la capacidad de cambiar mi vida para mejorar.
• Me doy permiso para ser feliz y tener éxito.
• Confío en mi propia intuición y en mis decisiones.
• Me acepto tal y como soy, con mis fortalezas y debilidades.
• Estoy rodeado de personas que me apoyan y me quieren.
• Estoy agradecido por todo lo que tengo y todo lo que me rodea.
• Soy capaz de superar cualquier obstáculo que se me presente.
• Me centro en el presente y en lo positivo, no en el pasado o en lo negativo.
• Tengo la habilidad de aprender y crecer continuamente.
• Soy dueño de mi propia vida y tengo el poder de crearla como quiero.
• Me esfuerzo por tener una actitud positiva y alegre, independientemente de las circunstancias.
• Soy capaz de perdonar a los demás y a mí mismo.
• Me doy permiso para tomarme tiempo para mí y cuidar de mi bienestar.

• Estoy abierto a nuevas oportunidades y experiencias positivas.

• Me esfuerzo por tener una perspectiva positiva y ver el vaso medio lleno.

• Soy capaz de manejar el estrés y el cambio con gracia y resiliencia.

• Me esfuerzo por tener una mente abierta y un corazón agradecido.

• Acepto la felicidad y el éxito que me rodean.

• Estoy agradecido por mi vida y todo lo que me ha transmitido hasta aquí.

Últimas palabras

Haz compromisos positivos contigo mismo para obtener reconocimiento, buen trabajo, seres queridos, ampliar tu círculo social y otras metas que valgan la pena. Felicítate cada vez que logres algo. Sueña con el éxito, sé apasionado.

Mantente enfocado en lo que es importante. Establece metas y prioridades para lo que planeas lograr. Imagínate practicando tus movimientos. Crear un esquema de resolución de problemas. Aprende a relajarte. Disfruta del éxito. No te engañes. No tengas miedo de tus intentos. Cambia y mejora cada día. Da lo mejor de ti y no mires atrás. Ve el aprendizaje y el cambio como oportunidades. Prueba cosas nuevas. Considera varias opciones. Conoce gente nueva. Haz muchas preguntas. Cuida tu salud física y mental.

Las investigaciones muestran que las personas con estos rasgos son ganadores en los buenos tiempos y sobrevivientes en los malos. Además, aquellos que planearon conscientemente revisar su diálogo interno y suposiciones informaron una mejora casi inmediata en su desempeño. Su energía estará alta y las cosas parecerán estar mejorando.

La dedicación, el control y los desafíos ayudan a desarrollar la autoestima y fomentan el pensamiento positivo. ¡empezando hoy!

Capítulo 3
Luchar contra el estrés

Combatir el estrés a través de la filosofía LAGOM

El término "Lagom" es una palabra sueca que significa "justo lo suficiente". Se refiere a una filosofía de vida que se centra en el equilibrio y la moderación en todas las cosas. El modo de vida Lagom se basa en la idea de que es importante tener una vida equilibrada y sana, sin excesos ni carencias. Esto incluye tanto el consumo como el uso del tiempo y del espacio.

En el contexto de la vida cotidiana, el modo de vida Lagom puede incluir hacer elecciones sostenibles y responsables, tanto en términos de consumo como de estilo de vida. También puede incluir la práctica de la simplicidad y la moderación en el uso de recursos, tanto naturales como financieros.

El modo de vida Lagom también se basa en la idea de que es importante encontrar el equilibrio en las relaciones personales y en el trabajo, y de que es necesario tomarse tiempo para disfrutar de las cosas simples de la vida y estar presente en el momento.

¿Estás constantemente estresado o frustrado? Entonces el estilo de vida LAGOM puede ayudarte a cambiar la situación. Detrás de este nombre que suena misterioso se encuentra un principio de vida simple.

"Sigue los pasos correctos en todas las áreas de tu vida. ¡Entonces serás muy feliz!" Esta es la filosofía sueca y quizás una de las razones por las que tantas personas felices se sienten como en casa en este país escandinavo. A continuación, desarrollaremos el concepto de la "media dorada" como un proceso de manejo del estrés.

¿Alguna vez te has sentido deprimido, estresado o ansioso? Millones de personas luchan contra el estrés, la ansiedad o los problemas emocionales todos los días. Esta condición desgasta tu cuerpo y te deja cansado, agotado y vacío. Con el tiempo, el estrés y la ansiedad pueden acumularse, haciéndote menos productivo, ansioso, nervioso e incluso infeliz. Un mal humor puede volverte irritable, y arruinar las relaciones; también puedes tener dificultad para concentrarte, mantenerte motivado o completar tareas. Tu estado de ánimo y salud mental pueden afectar todos los aspectos de tu vida, para bien o para mal; y el mal humor puede afectar negativamente tus actividades, relaciones y trabajo.

Una mente feliz y equilibrada te brinda las herramientas que necesitas para tener éxito y disfrutar de la vida. Lograr y mantener una actitud positiva puede ser difícil. Hasta hace poco tiempo, había pocas opciones para quienes querían mejorar su estado de ánimo, porque la gente estaba condicionada a esperar y pensar que "ya pasará". Algunos recomiendan usar ejercicio, respiración regular o alimentación consciente; pero lo que realmente funciona es sumarlo todo a una filosofía de vida que se adapta a todos los aspectos de la persona, como hacen los suecos.

Simplifica y cambia los malos hábitos

¿Es posible existir sin estrés? ¡Ninguno! Pensar en el estrés como "un extraño en el hogar" es golpear a la bestia con el palo equivocado. Aclaremos, el estrés es una parte integral de la vida. El estrés es lo que te impulsa. Por ejemplo, al prepararte para un examen importante, trabajar en un proyecto de vida, dar una presentación importante o prepararte para una entrevista de trabajo, el estrés te puede dar motivación y energía extra.

La simplificación de la vida a veces puede ser abrumadora. La suma total de las cosas que te has visto obligado a lograr en tu vida puede ser una enorme montaña que cargar. Sin embargo, no tienes que simplificar todo de inmediato. Concéntrate en un problema y da pequeños pasos. Llegarás allí y te divertirás haciéndolo.

De hecho, hay algunas cosas pequeñas pero importantes que puedes hacer hoy para comenzar a vivir una vida sencilla al estilo LAGOM. El estrés en sí mismo no es malo. Esto es bueno o malo dependiendo de cómo lo mires y qué tan bien creas que estás capacitado para manejarlo. Manejar el estrés es una habilidad y un arte. Si deseas vivir una vida feliz y productiva, debes aprender a sobrellevar la situación.

Características del estrés

El estrés es energía: si no lo manejas adecuadamente, te devorará. El manejo del estrés es una ciencia. El estrés es una parte inevitable de la vida. Tu estrés puede ser causado por uno de estos tres sentimientos:

1. Frustración: Es un estado de insatisfacción provocado por necesidades insatisfechas o problemas no resueltos. Se caracteriza por una sensación de tensión o ansiedad. Por ejemplo, puedes sentirte frustrado por perderte un ascenso que mereces, estar en desacuerdo con tu jefe, acumular muchas deudas o algo tan simple como llegar tarde al trabajo. Además de las circunstancias externas, la decepción puede ser causada por rasgos de carácter como expectativas poco realistas, falta de voluntad para cambiar o falta de desempeño.

2. Conflicto: En este caso, estás atrapado entre deseos compatibles y condiciones incompatibles. Por ejemplo, deseas obtener un gran avance en el trabajo, pero no quieres mudarse a una nueva ciudad, renunciar a tu círculo de amigos y comenzar de cero.

3. Estrés: Este es un requisito de la vida y es absolutamente inevitable. El trabajo requiere más tiempo, los hijos más dinero y tu esposa más atención. Suena familiar, ¿verdad?

Una parte significativa de la energía que usamos proviene de la gasolina que usamos para hacer funcionar nuestros automóviles. Con los precios de la gasolina subiendo cada día, conducir es caro no solo en términos de consumo de energía, sino también en términos de presupuesto personal y doméstico.

La bicicleta es una de las enseñanzas de LAGOM (excepto en invierno) como una alternativa fácil y saludable a la conducción que puede ayudarte a ahorrar energía, lo que no solo mejorará el consumo energético en tu país, sino que también ayudará a mantener tus ingresos equilibrados.

Decide qué trabajos haces en tu hogar. Muchas de nuestras actividades diarias, como la compra de comestibles, la tintorería y el banco, se realizan a pocos kilómetros. Puede hacer estos trabajos cómodamente en bicicleta en lugar de un automóvil, lo que ahorrará energía y agregará aire fresco y ejercicio a tu vida.

Puedes ir al trabajo en bicicleta. Si vives a poca distancia en bicicleta del trabajo, los beneficios son enormes. Puede evitar el estrés de conducir en la carretera y brindar una buena oportunidad para mejorar tu salud. Además, el estadounidense promedio gasta $3,000 al año para conducir y mantener sus autos. Puedes ahorrar en estos costos yendo en bicicleta al trabajo. Encuentra senderos para bicicletas locales y disfruta del paisaje. Las bicicletas pueden ingresar a parques y otras áreas donde los automóviles no pueden. Al usarlas como parte de tu viaje diario al trabajo o de negocios, puede reducir drásticamente tu tiempo de viaje.

Utilizar bicicletas en conjunto con el sistema de transporte público: Los servicios de metro, autobús y tren son una realidad en muchas ciudades importantes, pero incluso los mejores servicios no te llevan a tu puerta el 100% del tiempo. Las bicicletas pueden acelerar el último tramo de tu viaje, y muchos servicios de transporte público ofrecen instalaciones para bicicletas (como portaequipajes de autobús) para ayudarte.

Causa del estrés

Las principales causas de estrés y depresión en nuestra sociedad son: el dinero, el estrés laboral y el estrés en las relaciones.

1. Problemas de dinero: este es sin duda un gran problema que afecta a casi todos en la vida. La publicidad atractiva, el fácil acceso a los bienes y la posesión que los demás tienen de esos bienes, hace que uno los desee. ¿Dónde está la fuerza financiera para obtener lo que el corazón desea? El resultado: deuda creciente, sobregiros de tarjetas de crédito, juicios y angustia.

2. Estrés en el trabajo: Estás insatisfecho con las condiciones de tu lugar de trabajo, que distan mucho de ser las ideales. La competencia es feroz y las expectativas son altas. Al mismo tiempo, el costo de vida también aumenta día a día. El estrés y la ansiedad en el trabajo es una de las principales causas de preocupación.

3. Estrés en las relaciones: este estrés está en todas partes y siempre presente en nuestras vidas de una forma u otra. El ritmo de vida acelerado de hoy en día y los valores y la moral que cambian más rápido hacen que sea difícil hacer frente al estrés diario.

¿Cómo se manifiesta el estrés?

1.   Síntomas somáticos: dolor de cabeza, dolor de espalda, mareos, hipertensión arterial, resfriados frecuentes, erupciones cutáneas, picor, temblores, acidez estomacal, etc.

2. **Síntomas psicológicos**: nerviosismo, ansiedad, insomnio, dificultad para tomar decisiones, incertidumbre, dificultad para concentrarse o sentimientos de inutilidad.

3. **Síntomas conductuales**: retraimiento social, consumo irracional de alcohol o drogas, juego, descuido de la apariencia o descuido de las responsabilidades familiares o laborales.

Mientras que una minoría puede simplemente hacer frente a las demandas que se les imponen, es probable que otros se dobleguen bajo la presión. ¿Cuál es la dinámica que permite que un grupo de personas se recupere de la angustia emocional mientras que otro grupo se hunde cuando el estrés entra en sus vidas? Al observar cómo el estrés y la tensión pueden afectar el bienestar de una persona, veremos las muchas formas y técnicas para reducir el estrés y la tensión. Además, discutiremos cómo romper el ciclo de comportamientos inducidos por el estrés y establecer que el estrés, si bien es persistente, se puede manejar y controlar.

Estrés y resiliencia:

Las personas que enfrentan situaciones estresantes las manejan de manera diferente. Mientras que algunas pueden eliminarlo y continuar con sus vidas ilesas, otros están completamente abrumados por los síntomas. La resiliencia es el arte de adaptarse cuando hay una amenaza, e incluso se pueden aprender buenas cosas de ella. La mayoría de las personas muestran resistencia a los factores estresantes.

El hecho de que sea resistente no significa que no se sienta estresado. El dolor, la ansiedad y el malestar emocional son un hecho constante de la vida; no hay nada que pueda hacer al respecto. El truco es superarlo y encontrar alegría y felicidad en la vida. Puedes aprender resiliencia: cualquiera puede. Hay algunos ingredientes clave para desarrollar un individuo resiliente. A continuación, verás las que componen la filosofía LAGOM:

Relaciones de apoyo: este parece ser el factor más importante: una relación amorosa y de apoyo puede ayudarte a desarrollar resiliencia frente a la adversidad. Las relaciones que brindan amor, confianza y aliento desarrollan tu resiliencia (capacidad para adaptarse a las situaciones adversas con resultados positivos).

Toma medidas importantes: ayuda mucho si estableces metas y las sigues con un plan realista. Si estás acostumbrado a reaccionar solo ante situaciones graves y no puede ignorar los factores estresantes que te conducen a ellas, definitivamente estos sumarán a tu vida.

Piensa en positivo: Las personas resilientes buscan oportunidades en medio de la adversidad. Anticipa los resultados adversos y toma medidas específicas para lograr los resultados deseados. Si no puedes hacer nada, espera, no te preocupes, mantén la calma. Por lo general, los peores resultados se piensan en la mente antes de que sucedan. Las preocupaciones y las dificultades te desgastan, reducen tu eficacia en el combate y te vuelven aburrido, indeciso y poco atractivo.

Comunicación efectiva. Ser capaz de comunicarse claramente sin miedo o inhibición, poder expresar tu opinión apropiadamente y hacer que otros validen sus expectativas es muy importante para sobrevivir situaciones difíciles.

Control y gestión de las emociones: la capacidad de comprender todas tus emociones, saber cuándo tolerar el estrés y cuándo contenerse. Básicamente, convertirse en una persona resiliente requiere una mejor comprensión de uno mismo.

Utiliza correctamente los medios de entretenimiento: es probable que tengas un televisor en tu hogar sin el cual no puedes vivir. Muchas personas encienden la televisión todos los días y, a veces, ven un programa durante horas. Apagar la tele tiene algunas ventajas, como no consumir tantas noticias impactantes para atraer espectadores. Hay muchas maneras de deshacerse de la televisión y dedicar más tiempo a otros intereses más productivos. Graba tus programas favoritos. La grabación te permite omitir todos los anuncios en lugar de sentarse a verlos. Además, si el programa comienza mal, puedes avanzar rápidamente y ver si mejora sin tener que sentarte y esperar todo el programa.

Considera si estos programas valen la pena o si solo los estás viendo por aburrimiento. Lo más probable es que te estés perdiendo de otras maneras de esparcimiento en la vida real (teatro, conciertos, exposiciones, etc.).

Descubre un nuevo pasatiempo. Si tienes pasión por algo, podrías estar dispuesto a apagar la televisión y dedicarte a ese pasatiempo.

Programa una cita con otra persona cuando normalmente ves televisión. Ya sea que estés en casa para una noche social o una cena semanal con amigos, si tienes otros lugares a donde ir y compromisos con los demás, es menos probable que estés frente al televisor. Considera inscribirse en clases de gimnasia u otras actividades que te mantengan fuera de casa.

Sal y haz ejercicio: Los beneficios para la salud, la posible pérdida de peso y el ejercicio superan con creces sentarse frente al televisor para mantener el equilibrio. Haz ejercicio mientras normalmente ves la televisión. El ejercicio puede ser adictivo. Por cada hora adicional que pasas mirando televisión, el riesgo de morir de una enfermedad cardíaca aumenta un 18 % y el riesgo de muerte en general aumentaba un 11 %.

Conoce gente agradable: Las personas con carácter negativo no te harán ningún favor en la vida. Construye tu entorno con personas proactivas.

Practica decir no: te darás cuenta de que, si les dices que sí a todos, no te verán como una figura de autoridad y tu personalidad se devaluará. Decir que no en el momento adecuado no te convierte en una mala persona, sino en alguien que se respeta así mismo.

Métodos contra el estrés

Hay algunas formas de evitar las reacciones físicas y mentales del estrés. También hay herramientas que las personas pueden usar para reducir el dolor y mejorar el bienestar personal. En general, los métodos de manejo del estrés se pueden dividir en dos categorías:

1.   Métodos de relajación y autohipnosis.

2.   Lucha contra el estrés
• ejercicio
• música
• meditación
• masaje

La autoestima es un factor clave para superar el estrés. Creer que puedes manejar y superar el estrés en tu vida es un buen comienzo para desarrollar la autoestima. Una parte importante de la autoestima es también la creencia de que eres digno de amor y felicidad.

Señales de baja autoestima:

Revisa la lista a continuación y considera cuántos de esas afirmaciones se reflejan en ti:

• No me gusto a mí mismo.
• No soy digno de amor.
• Me pasa algo.
• No merezco el respeto de los demás.
• Tengo dificultad para hacer contacto visual con los demás.

• Me siento muy molesto cuando los demás me critican.

¿Alguno de estos conceptos te pertenecen? En caso afirmativo, entonces debes tomar algunas medidas concretas para mejorar tu autoestima. La baja autoestima puede aumentar el nivel de estrés en tu vida por dos razones:

1.   Siempre te juzgas negativamente. Abrirse a la felicidad no se te está permitido debido al constante diálogo interno tóxico.

2.   Siempre te preocupas por lo que los demás piensan de ti y haces todo lo posible para ganar aceptación y aprobación.

Autoconfianza y autoestima:

La autoestima es diferente de la confianza en muchos aspectos. Puedes tener mucho éxito en la carrera que has elegido, es decir, tienes mucha confianza en lo que haces, pero aun así te sientes fatal. Tienes que ser capaz de amarte a ti mismo para experimentar la felicidad. Muchas personas exitosas son miserables por dentro y tienen una autoestima terrible. La baja autoestima facilita que otros te manipulen y también te hacen sentir profundamente inseguro acerca de tus sentimientos y creencias.

Qué puedes hacer

Todos sabemos que sentirse seguro es algo bueno y reduce nuestro estrés. Pero puede ser muy difícil sentirlo.

Todos sabemos que cuando nuestra autoestima es más alta, nos sentimos mejor con nosotros mismos, y también somos más resistentes al fracaso. Los estudios de escáner cerebral muestran que cuando nuestra autoestima es alta, percibimos el daño emocional (como el rechazo y el fracaso) como menos doloroso y nos recuperamos más rápido. Cuando nuestra autoestima es alta, también es menos probable que experimentemos ansiedad.

Pero a pesar de lo importante que es una mayor autoestima, resulta que criarla no es fácil. Hay cientos de libros, artículos, programas y cursos de formación en el mercado para aumentar nuestra autoestima, pero en realidad no siempre funcionan y en ocasiones incluso la bajan. En primer lugar, nuestra autoestima es variable: cambia todos los días e incluso muy rápido. Esto se complica aún más por el hecho de que incluye tanto cómo nos vemos a nosotros mismos en general y como nos vemos a nosotros mismos en áreas específicas de la vida (por ejemplo, como padres, enfermeras, atletas, etc.). Cuanto más importante es un área particular de la autoestima, mayor es su impacto en nuestra autoestima general. Si alguien hace una mueca mientras come la comida que cocinamos, la autoestima del chef se verá más herida que la de alguien cuya cocina no es una gran parte de su identidad. Después de todo, una alta autoestima es algo bueno, pero con moderación, como dice el principio LAGOM. Las personas con una autoestima muy alta (como las personas narcisistas) suelen ser muy frágiles. Estos individuos pueden sentirse bien consigo mismos en su mayor parte, pero parecen ser fácilmente influenciados por las críticas y las opiniones negativas, lo que puede obstaculizar su autodesarrollo psicológico.

Es posible mejorar nuestra autoestima, pero solo si lo hacemos bien. Aquí hay cinco maneras de aumentar su autoestima cuando está baja:

1. Declaraciones positivas como "¡Tendré mucho éxito!" Son populares, pero también tienen un inconveniente: a menudo hacen que las personas con baja autoestima se sientan peor. ¿Por qué? Porque cuando nuestra autoestima es baja, tales afirmaciones simplemente contradicen nuestras creencias actuales. Paradójicamente, las afirmaciones positivas afectan a un pequeño grupo de personas: aquellas que ya tienen la autoestima alta. Para que las afirmaciones funcionen cuando la autoestima es baja, deben ajustarse para que sean más creíbles. Por ejemplo, reemplace la frase "¡Quiero tener mucho éxito!" con "¡Seguiré todo lo que pueda!"

2. ¿Qué es la autoestima? Se deriva de nuestras habilidades y logros reales en las áreas de la vida que son importantes para nosotros. Si crees que eres un buen cocinero, organiza más cenas para tus amigos. Si eres un buen corredor, inscríbete en un maratón y entrena para ello. En definitiva, define tus competencias básicas e identifica las oportunidades y situaciones que te permitan sobresalir.

3.   Superar la autocrítica excesiva. Uno de los aspectos más difíciles de mejorar la autoestima es rechazar los elogios cuando pensamos que somos malos, que paradójicamente es cuando más los necesitamos. Así que presta atención a los elogios que recibes, incluso si te hacen sentir incómodo (lo que suele ocurrir). La mejor manera de evitar rechazar los cumplidos es preparar un conjunto de respuestas simples y practicar cómo usarlas automáticamente cuando alguien te exprese afecto (como "Gracias" o "Es muy amable de tu parte"). Con el tiempo, el deseo de rechazar los cumplidos disminuirá, lo que también es una buena señal de que tu autoestima está creciendo.

4.   Diálogo interno: Si nuestra autoestima es baja, lamentablemente podemos debilitarla aún más si somos autocríticos. Dado que nuestro objetivo es aumentar la autoestima, la autocompasión debe ser sustituida por la autocrítica (muchas veces completamente inútil, aunque parezca convincente). Entonces, cuando se trata de monólogos internos autocríticos, pregúntate qué le dirías a tus amigos si estuvieras en la misma situación (tendemos a empatizar con nuestros amigos más que con nosotros mismos). Esto evitará que subestimes aún más tu autoestima con el pensamiento crítico, lo que a su vez te ayudará a desarrollarla.

5.   Mira el vaso medio lleno: este ejercicio te ayudará a mejorar tu autoestima después de una larga depresión: nombra las cualidades que posees que se aplican a la situación actual. Por ejemplo, si la persona con la que estás saliendo te rechaza, haz una lista de las cualidades que hacen que encajes bien (como ser leal y mostrar afecto). Si no fuiste ascendido en el trabajo, enumera las cualidades que te convierten en un empleado valioso (una sólida ética de trabajo o responsabilidad). Luego, elije un elemento de la lista y escribe un ensayo breve (uno o dos párrafos) que explique por qué esa característica en particular es valiosa y es probable que otros la valoren en el futuro. Haz este ejercicio todos los días durante una semana o cuando necesites aumentar tu confianza en ti mismo. Recuerda que mejorar la autoestima requiere trabajo porque implica desarrollar y mantener hábitos emocionales más saludables. ¡Pero el esfuerzo valdrá la pena!

Tipos de relajación: cuerpo y mente

Sentirse estresado de vez en cuando es normal. La realidad es que la vida es estresante. De hecho, algo de estrés es saludable: todos necesitamos un poco de estrés en nuestras vidas para potenciarla. El estrés te anima y motiva a realizar las tareas más difíciles.

¿Puede el estrés ser una herramienta positiva? La respuesta es sí, y los suecos no lo rehúyen. Imagina que tienes una fecha límite para entregar tu trabajo; a medida que aumenta el nivel de estrés, puedes cumplir con la fecha fijada, porque te esfuerzas más. El estrés puede ayudarte a concentrarse más y, en algunos casos, aumentar tu fuerza cuando estás estresado. Es posible que hayas descubierto que tratar de cumplir con una fecha límite te ayuda a pensar con mayor claridad. Sí, el estrés puede estimular el cerebro y mejorar el rendimiento. Obviamente, el estrés es una parte necesaria para despejar la mente de vez en cuando. Lidiar con el estrés malicioso puede ayudarte a prosperar al dejar de lado los pensamientos no deseados.

Aunque es inevitable que experimentes estrés en todas las áreas de la vida, es importante aprender técnicas de relajación y manejo del estrés para canalizarlo a tu favor.

Beneficios de la relajación

• Energía adicional
• Mente limpia.
• Mejora de la toma de decisiones.
• Mayor control sobre tu vida.

Cuatro pasos para la relajación muscular progresiva

Este es también el enfoque recomendado por la filosofía Hygge. Encuentra un lugar tranquilo donde no te molesten durante los próximos cinco a diez minutos. Usa ropa cómoda. Puedes probar este ejercicio sentado en una silla. Puedes practicar acostado, pero corres el riesgo de quedarte dormido. Relaja tu cuerpo aflojando los diferentes músculos. Primero, los músculos se tensarán, mantendrán esta posición y luego se relajarán. Este enfoque funciona de la siguiente manera:

1.   Comienza con los pies y avanza gradualmente hasta la cabeza, tensando y relajando todos los músculos a medida que avanzas.

2.	Mientras respiras, tensa el grupo de músculos a entrenar. Mantenga la firmeza durante ocho segundos. Siente la tensión. Después de ocho segundos, exhala y relaja este grupo muscular. Siente la sensación de paz que envuelve estos músculos.

3.	Comienza con el pie derecho. Luego relaja la pierna derecha. Ahora cambia al pie izquierdo, la pierna izquierda, el brazo derecho, el antebrazo derecho, el brazo izquierdo y el antebrazo izquierdo, tensa y relaja los grupos musculares. Ahora repite el método de tensión y relajación con el abdomen, el pecho, el cuello y los hombros. Ahora relaja los músculos faciales, finalmente su cabeza.

4.	Toma algunas respiraciones profundas. Siente la relajación en todo tu cuerpo.

5.	Cuenta hasta 5.

6.	Ponte de pie lentamente.

Con un poco de práctica, esta técnica te dará una rica sensación de relajación. Luego puedes practicarlo cada vez que te sientas tenso y relajarte rápidamente.

Autohipnosis: una forma de controlar el estrés

La autohipnosis es un método de comunicación con el subconsciente. Reduce la probabilidad de comportamientos y pensamientos contraproducentes. Este método es muy eficaz para reducir el estrés. La autohipnosis consta de tres pasos:

1. Busca la tranquilidad.

2. La mente crítica se deja de lado por un momento. En este estado, tu mente consciente puede comunicarse con tu mente subconsciente.

3. Le aconseja a tu cerebro que haga cambios beneficiosos. El juicio crítico ahora está al margen, y este enfoque es extremadamente efectivo para crear un cambio por tu propio bien. Cuando sabes que tu consejo es bueno para tu bienestar, tu mente lo acepta sin reservas.

Beneficios de la autohipnosis

La autohipnosis es extremadamente efectiva de las siguientes maneras. - Depresion y ansiedad.
- Adicciones y malos hábitos.
- Sueño interrumpido.
- autodegradación.

Tres pasos para la autohipnosis para la relajación

1.   Encuentra un lugar donde puedas relajarte y asegúrate de no ser molestado durante los próximos 10 a 15 minutos.

2.   Cierra tus ojos y relájate. Esto se puede hacer respirando profundamente. Piensa en todo tu estrés saliendo de tu cuerpo y te sentirás más ligero. Concéntrate en la relajación en todas las partes de tu cuerpo.

3. Ahora estás en un estado de aceptación. Comienza a repetir afirmaciones positivas que deberías haber

preparado antes. Concéntrate completamente en tu voz y en el significado de estas declaraciones. Puede ser tan simple como darte cuenta de que repetir cierta palabra o frase te hace sentir muy relajado.

La importancia de la comida casera para afrontar el estrés

Con la explosión de la comida orgánica, los consumidores ahora pueden elegir productos, etiquetas y formas de comprar, lo que hace que muchos se pregunten por dónde empezar. Las opciones de alimentos pueden ser abrumadoras y cambiar dónde y cómo compramos puede ser estresante.

Hay muchas razones por las que vale la pena comprar comida orgánica. Considera probar alimentos frescos, mejorar la salud y la nutrición, proteger el medio ambiente y apoyar a las granjas familiares y áreas rurales donde el bienestar animal está garantizado.

Saber de dónde viene nuestra comida también te da tranquilidad. Uno de los mayores beneficios de comprar alimentos localmente es tener a alguien que responda preguntas sobre cómo cultivar los alimentos. ¿Qué hay en ese pan? ¿Podemos estar seguros de que los cerdos que ahora se han convertido en tocino vivieron vidas sin dolor? ¿Cómo sabemos que esos jalapeños no tienen salmonella?

La construcción de relaciones con los agricultores locales nos da la "entrada" a los programas alimentarios locales. En el mercado de agricultores, podemos obtener respuestas a preguntas como: ¿Cuándo están en temporada los tomates? ¿Cómo debo usar el apio? A menudo podemos visitar las granjas de donde proviene nuestra comida. Algunos agricultores están felices de compartir su conocimiento y experiencia con los compradores. No hay duda de que todas estas prácticas se vienen dando en los países nórdicos desde hace muchos años. Conozca los desafíos que enfrentan los agricultores locales y lo que están haciendo para resolverlos. No tiene que ser complicado. ¡Pregunta por el clima! Cualquier agricultor estaría orgulloso de hablar sobre cómo va la temporada de cultivo y cómo afecta los alimentos que cultivan. Conocer a los agricultores locales puede simplificar enormemente el proceso de compra de los productos locales.

Otra buena razón para comprar de manera local es mantener la ingesta de alimentos con conservantes al mínimo. "Millas de alimentos" es la distancia que recorren los alimentos desde la granja hasta su hogar. En promedio, los alimentos en los Estados Unidos viajan casi 1500 millas desde la granja donde se cultivaron hasta su refrigerador. Alrededor del 40 por ciento de la fruta se produce en el extranjero, y aunque el brócoli se cultiva en todo el país, el brócoli promedio de la tienda de comestibles viaja 1,800 millas para llegar allí. En particular, el 9 por ciento de la carne roja consumida en los Estados Unidos proviene de países extranjeros, algunos de ellos tan lejanos como Australia y Nueva Zelanda.

Los alimentos se transportan por todo el país, se envían a través de los océanos y alrededor del mundo en buques de carga. El transporte de alimentos a largas distancias quema grandes cantidades de combustibles fósiles, liberando dióxido de carbono, dióxido de azufre y otros contaminantes que contribuyen al cambio climático global, la lluvia ácida, el smog y la contaminación del aire y del mar.

La refrigeración, que es necesaria para evitar que nuestras frutas, verduras, productos lácteos y carne se echen a perder en largas distancias, quema aún más combustibles fósiles. En cambio, los programas alimentarios locales y regionales producen 17 veces menos CO_2. Los suecos son muy conscientes de este problema, por lo que su consumo está relativamente localizado.

La importancia de la actividad física para afrontar el estrés

La vida es agitada en este momento: los plazos, las reuniones y el tráfico pueden dificultar encontrar tiempo para cuidarse. Empezaste a descuidar tu cuerpo y poco a poco tu vida empezó a dar señales de estrés. Lo más importante es prevenir daños y estar preparado para afrontar las consecuencias. 20 a 30 minutos de actividad física cada día pueden prevenir muchos de los efectos negativos del estrés. Hacer ejercicio todos los días no solo te ayudará a verte y sentirte bien, sino que incluso podrías perder algunos kilos de más. También puede hacer tu vida más fácil. La actividad física puede reducir la ansiedad hasta en un 50%. Digamos que solo porque sales a caminar por la mañana, la mitad del nerviosismo desaparece. Si bien el ejercicio no resolverá todos los problemas con los que estás lidiando, puede ayudarte a lidiar mejor con el estrés.

Estas son algunas de las muchas razones por las que el ejercicio es bueno para reducir el estrés y la ansiedad.

1. El ejercicio puede mejorar su estado de ánimo: el ejercicio puede proporcionar sustancias químicas que te hacen sentir más feliz y listo para afrontar el día. También aumenta el flujo de sangre al cerebro y promueve sentimientos de alegría y vitalidad. Cuanto mejor te sientas acerca de la vida, menos estrés experimentarás.

2. Energía extra del ejercicio: El estrés puede hacer que te sientas cansado durante el día. Hacer ejercicio por la mañana te da un gran impulso de energía para mantenerte activo desde la mañana hasta la tarde. Es posible que te sientas agotado durante las primeras semanas de actividad física, pero sigue así y tu energía fluirá.

3. La actividad física te ayuda a dormir: Nada reduce el estrés como una buena noche de sueño. Dormir no solo restaura los músculos tensos y adoloridos, sino que también refresca y ayuda a procesar la información del día. Dormir más y mejor de forma regular te ayudará a afrontar los problemas cotidianos.

4. La actividad física te da tiempo para pensar: Gran parte del estrés al que nos enfrentamos proviene de nuestra propia mente. En lugar de trabajar y resolver problemas, nos preocupamos por ellos día tras día. La

actividad física te da tiempo para enfocar tus pensamientos y despejar tu mente sin distracciones.

Encuentra el ejercicio adecuado

Si no puedes hacer ejercicios cardiovasculares o simplemente no tienes ganas, intenta hacer yoga, estiramientos o correr. Estas actividades alivian perfectamente los músculos doloridos y tensos, despejan la mente y relajan. Además, si no tienes una mañana libre, puedes hacer estos ejercicios por la noche sin afectar tu sueño (incluso podrían ayudarte).

Puedes usar Internet o simplemente encontrar un libro o tomar una clase que te muestre posiciones o ejercicios simples. Deberías poder encontrar poses y movimientos que estén específicamente relacionados con el alivio del estrés y la relajación. Así que haz un plan y comienza a hacer ejercicios regularmente. Si sigues esto, rápidamente comenzarás a sentirte menos estresado, tenso y más cómodo.

Más consejos para simplificar el estilo LAGOM

La meditación, la respiración y la música también pueden ayudar a reducir el estrés. En momentos de estrés, la armonía de la mente puede verse perturbada. Ya sea por la presión del trabajo, las preocupaciones por el dinero o cualquier otra cosa, empiezas a sentirte cada vez más irritable. Incluso puede caer en una depresión clínica si los episodios estresantes continúan durante mucho tiempo.

La meditación es el antídoto perfecto para las toxinas conocidas como estrés y preocupación. Relaja tu mente, despejará tus emociones y tu mente. Con el uso a largo plazo, la meditación puede ayudar a aumentar la confianza en uno mismo. Cuando estés en una situación estresante o comiences a sentirse un poco mareado en la boca del estómago, intenta lo siguiente:

Elije una habitación tranquila y cómoda. Siéntate cómodamente con la cabeza, el cuello y la espalda rectos. Deja ir todos los pensamientos negativos y concéntrate en el presente. Cierra tus ojos. Concéntrate en tu respiración mientras el aire entra y sale. Si sientes pensamientos entrando en tu mente, trata de no dejar que te distraigan de tu respiración. Mantén la calma y concéntrate. Ahora cuenta desde "1" mientras exhala. Luego cuenta "2" para la próxima respiración. Cuenta "3" en la tercera respiración y "4" en la cuarta respiración. En la quinta respiración, comienza con "1" nuevamente. Continúe con "4". Luego comience de nuevo desde "1". No tienes que ceñirte al número cuatro, puede ser cinco, seis o incluso siete. En todo caso, tu número no debe exceder de diez. Esto puede ser confuso al principio y puede ejercer una presión adicional sobre su cerebro. Cuatro es un comienzo perfecto.

Durante toda la meditación, no hagas nada más que respirar y contar. Puedes utilizar este ejercicio para reducir el estrés. Muchas veces te sientes estresado en el trabajo, molesto por las payasadas de un colega o abrumado con tu vida. Tienes que encontrar una manera de relajarte.

Si puedes meditar todos los días, ya sea antes de acostarse o en otro momento conveniente (incluso puede hacer ejercicios de respiración en el trabajo), asegúrate de tomarte el tiempo para experimentar el alivio del estrés y una paz interior bienvenida.

Usa la música para aliviar el estrés:

La música es una gran medicina. Instintivamente recurrimos a la música para relajarnos y crear un ambiente propicio. La música suave y relajante ayuda mucho a nuestros nervios cansados. Elimina la fatiga de una vida cotidiana estresante.

La musicoterapia está ganando popularidad como ciencia curativa. Considera lo siguiente para comprender por qué la música ha captado la atención de los terapeutas de todo el mundo.

1.   La música te ayuda a dormir mejor. Un estudio de adultos mayores con problemas para dormir informó que escuchar música clásica y contemporánea ayudó al 96% de ellos a dormir mejor.

2.   La música es buena para aliviar el dolor: investigadores suecos encontraron que la música ayudó a reducir el dolor en un grupo de control que escuchaba música en situaciones que causaban dolor. La música se puede utilizar eficazmente para tratar el dolor.

3. La música reduce la ansiedad quirúrgica: en un estudio hospitalario, los pacientes que escucharon música de su elección en la sala de espera quirúrgica

experimentaron niveles reducidos de ansiedad antes, durante y después de la cirugía. También ayudó a bajar su presión arterial antes de la cirugía.

4. La música ayuda a reducir la depresión: La música claramente mejora y eleva el estado de ánimo. Los psicólogos ahora han descubierto que administrar musicoterapia a las personas con depresión clínica junto con el tratamiento estándar ayuda a reducir los síntomas de la depresión clínica más rápidamente.

¡La música está en nuestra sangre!

Creciste sabiendo que la música puede relajarte. De niño, tu primer contacto con la música fue una canción de cuna que te cantaba tu madre.
Así como la canción de cuna de una madre calma la inquietud de un bebé y lo arrulla suavemente para que se duerma, también lo pueden hacer los sonidos de la naturaleza, ya sea el canto de los pájaros, el lento fluir de un arroyo o el murmullo silencioso de un río. Todos estos sonidos tienen un efecto relajante sobre nosotros; por eso los suecos aman la naturaleza. Se podría decir que la música corre en nuestra sangre: ¡no tenemos que aprenderla para disfrutarla!

La música desvía tu atención del problema real: crea una atmósfera positiva para el pensamiento creativo, relaja el cuerpo y calma la mente, crea un buen ambiente. No toda la música promueve una atmósfera más gratificante que te ayude a relajarte. La música fuerte y rápida no puede calmar los nervios de todos. La música debe ser del género adecuado y adaptarse a tu gusto. Escucha música clásica, versiones de canciones populares para piano o violín; se sabe que son relajantes para la mayoría de nosotros. O tal vez te guste escuchar música hecha para relajarte.

########